Erdkunde

Band VI

W. FREISSLER

Entwicklungsländer

Copyright: pb-verlag • 82178 Puchheim • 1993

ISBN 3-89291-330-7

INHALTSVERZEICHNIS

Vorwort	3
Inhaltsverzeichnis	5
Strukturmodell/Arbeitstechniken	7
I. WELT im ÜBERBLICK	
1. Gradnetz der Erde	9
2. Land- und Wasserflächen	15
3. Klimazonen	17
4. Vegetationszonen	25
5. Warum wechseln Tag und Nacht?	29
6. Warum gibt es verschiedene Jahreszeiten?	33
II. AFRIKA - ein Erdteil im Wandel	
1. Kennst du Afrika?	39
2. Wie heißen die Staaten Afrikas?	41
3. Welche Volksstämme leben in Afrika?	43
4. Überblick über die natürliche und politische Gliederung Afrikas	47
5. Libyen: Umwandlung eines Raumes durch die Nutzung reichhaltiger Bodenschätze	
a. Wie kam Libyen zu Wohlstand?	53
b. Libyen - ein Erdölriese auf schwachen Füßen	57
6. Warum herrscht im Sahelgebiet Hunger?	63
7. Politische Geschichte Südafrikas	69
8. Die europäischen Kolonien erkämpfen ihre Unabhängigkeit	79
9. Unabhängigkeit für Kenia	89
III. ASIEN - ein riesiger Kontinent	
1. Indien: Städte und Nachbarländer	97
2. Indien: Flüsse, Landschaften und Meere	99
3. China: Flüsse, Landschaften und Städte	101
4. China und seine Nachbarn	103
5. Bergriesen in Zentralasien	105
6. Vergleichender Überblick über China und Indien	111
7. Bodenschätze und Industrie in Indien und China	115
8. Vergleich der Landwirtschaft in Indien und China	119
9. Welche Probleme behindern Indiens Entwicklung?	125
10. Japan: Inseln und Städte	133
11. Ursachen des japanischen Wirtschaftswunders	135
12. Warum exportiert Japan so viele Fertigwaren?	141
13. Gesamtasien: Staaten und Hauptstädte	147
14. Gesamtasien: Großräume	149
15. Bist du informiert? Aktuelle erdkundliche Weltreise	153

INHALTSVERZEICHNIS

Vorwort	3
Inhaltsverzeichnis	5
Ziele/Strukturmodell des Erdkundeunterrichts	6
1. Unermeßliche Naturkatastrophen bedrohen den Menschen	
2. Wo auf der Erde gibt es katastrophengefährdete Gebiete?	17
3. Wie entstehen Erdbeben?	23
4. Wie hilft man bei Erdbebenkatastrophen?	31
5. Welche Schutz- und Vorhersagemöglichkeiten für Erdbeben gibt es?	35
6. Welche Auswirkungen hat ein Erdbeben?	39
7. Wie kommt es zu Dürrekatastrophen?	45
8. Wie entstehen Lawinen?	51
9. Lawinen - der "weiße Tod"	57
10. Was ist ein Wirbelsturm?	61
11. Die Ruhe nach dem Sturm - Aufgabe für die Menschen	67
12. Welche Folgen haben Überschwemmungen?	73
13. Wie kommt es zu einem Vulkanausbruch?	77
14. Vulkanausbruch - Bedrohung für Mensch und Natur	83
15. Warum leben die Menschen bei Vulkanen?	89

Besondere Hinweise:

Das vorliegende Werk deckt alle Arten von Naturkatastrophen ab.
Der Lerninhalt 2 der 8. Jahrgangsstufe im Fach Erdkunde fordert aber wahlweise
- Erdbeben oder Vulkanismus
- Stürme oder Überschwemmungen.

Es müssen also nicht alle Themen behandelt werden; man kann auswählen.
Als Rahmen des Leitthemas "Naturkatastrophen" und als Langzeitprojekt ist die "stumme Weltkarte" gedacht, die am Ende einen Überblick über den gesamten Stoff geben soll. Hier sollten alle Einzelbereiche (Vulkane, Erdbeben, Wirbelstürme, Überschwemmungen, Dürre, Lawinen) berücksichtigt werden.

Affaltern, im Dezember 1991

G. Ullersberger

Vorwort

Die bewährten Reihen
STUNDENBILDER für die GRUNDSCHULE
STUNDENBILDER für die SEKUNDARSTUFE

aus dem pb-Verlag unterstützen rasch und effektiv Lehrer bei der täglichen Unterrichtsvorbereitung. Die einzelnen Unterrichtseinheiten zum Lehrstoff der jeweiligen Jahrgangsstufe bestehen meistens aus:

- *einem* **ORGANISATIONSBLATT** *mit Hinweisen auf* **Lernziele, Arbeitsmittel, Literatur, Tafelbild** *usw.*

- *einer* **LEHRSKIZZE** *mit Hinweisen auf* **Unterrichtsphasen, Lehr- und Lernakten, Medien** *usw.*

- *einem* **ARBEITSBLATT**, *das dem Unterrichtsverlauf entspricht und als* **Merkeintrag** *benutzt werden kann.*

- *weiterem* **BILD- und TEXTMATERIAL**, *das unter anderem zur* **Einstiegsphase, Gruppenarbeit** *usw. genutzt werden kann.*

Die Stundenbilder sollen als Anregung aufgefaßt werden. Sie haben Hinweischarakter und sollten durch entsprechende Fachliteratur ergänzt werden. Es empfiehlt sich dabei besonders, zusätzlich auf Broschüren und Texthefte von den Zentralen der Länder und des Bundes sowie Medien von den Landesbildstellen zurückzugreifen.

Besondere Hilfen *für Ihren Schulalltag in diesem Unterrichtswerk*
- **UNTERRICHTSBEISPIELE** *und* **ARBEITSBLÄTTER** *sind* **unabhängig** *von den eingeführten Büchern oder Arbeitsheften einsetzbar.*
- *Lehrern werden* **ARBEITSBLÄTTER** *mit Lösungsvorschlägen,* **TAFELBILDER** *und* **FOLIENVORLAGEN** *angeboten.*
- *Arbeitsblätter für Schüler sind bereits im Format DIN A 4 und können deshalb zum persönlichen Unterrichtsgebrauch - jedoch nur in vorhandener* **Klassenstärke - vervielfältigt** *werden.*
- *Die Lehrhilfen sind so angeordnet, daß sie* **einzeln** *abgeheftet werden können. Deshalb wurden manchmal einige Rückseiten bewußt freigelassen!*

Die **STUNDENBILDER** *werden durch die Reihen* **UNTERRICHTSPRAXIS** *und* **KOPIERHEFTE mit Pfiff** *ergänzt, die eine Vielzahl von* **weiteren kopierfähigen Arbeitsblättern** *und* **Folienvorlagen** *enthalten.*

Zusammen mit den **LEHRKARTEIEN** *als* **praktische** *und* **schnelle Orientierungshilfe** *für die Hand des Lehrers und den* **LERNKARTEIEN** *als* **individuelle Schülerhilfe***, sind alle Unterrichtsmaterialien* **schnell einsetzbar***. Dabei eignen sich besonders die* **KOPIERHEFTE** *und* **LERNKARTEIEN** *zur* **Übung, Differenzierung** *und* **Freiarbeit***.*

Mit pb-Unterrichtshilfen können Lehrer rationell arbeiten, ohne ihren persönlichen Stil einschränken zu müssen. Sie gewinnen Zeit für spezifische Lernsituationen. Die Übertragung der angebotenen Hilfen auf die eigene Unterrichtspraxis führt ganz sicher zu einer "gelungenen Stunde".

Wir wünschen Ihnen dazu viel Erfolg

Ihr

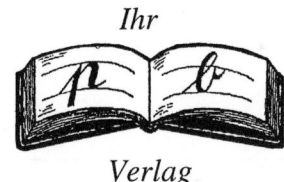

Verlag

NOTIZEN:

INHALTSVERZEICHNIS

Vorwort	3
Inhaltsverzeichnis	5
Strukturmodell/Ziele des Erdkundeunterrichts	6
1. Warum ist Brasilien ein Entwicklungsland? Kennzeichen eines Entwicklungslandes (Doppelstunde)	9
2. Begegnung mit dem Afrikaner SHADDRUK	17
3. Der Teufelskreis der Armut	21
4. Industriestaaten und Entwicklungsländer - ein Vergleich	25
5. Abhängigkeit von Entwicklungsländern und Industriestaaten (Doppelstunde)	29
6. Möglichkeiten der Entwicklungshilfe (Doppelstunde)	35
7. Ziel der Entwicklungspolitik: Hilfe zur Selbsthilfe	43
8. Anmerkungen zur Entwicklungspolitik	49
9. Die Lage der Industrie- und Entwicklungsländer	59
10. Das Nord-Süd-Gefälle	65
Lernzielkontrolle	71
Literaturhinweise	72

GRUNDSÄTZLICHES zum ERDKUNDEUNTERRICHT

AUSSAGEN des LEHRPLANS:

ERDKUNDE

Ziele und Aufgaben

Im Anschluß an die Heimat- und Sachkunde der Grundschule, die den heimatlichen Raum erschlossen hat, baut der Erdkundeunterricht schrittweise ein geographisches Weltbild auf. Der Orientierung in der Welt dienen klare Raumvorstellungen und ein Grundbestand an topographischen Kenntnissen. Aus der Begegnung mit der Fülle der Erscheinungen erwachsen wirklichkeitsnahe Vorstellungen und notwendiges Einzelwissen. Sie sind Grundlage für die Erarbeitung klarer und deutlicher Begriffe und für das Erfassen geographischer Zusammenhänge, insbesondere der Wechselbeziehungen zwischen Mensch und Raum. Die Einführung in facheigene Fragestellungen und Arbeitsweisen befähigt in zunehmendem Maße zur selbständigen Erschließung erdkundlicher Sachverhalte. Der Unterricht erzieht zu Wertschätzung der Heimat, Weltoffenheit, realistischer Einschätzung der eigenen Situation, Verantwortungsbewußtsein für den gemeinsamen Lebensraum und zur Einsicht in die Notwendigkeit friedlichen Zusammenwirkens der Menschen.

Unterricht

Der Lehrplan weist jeder Jahrgangsstufe einen sich von Jahr zu Jahr ausweitenden geographischen Raum zur Behandlung zu. Das jeweils erste Lernziel ist ein knapper Überblick zur Feststellung des Erfahrungswissens und zur topographischen Groborientierung. Die eingehende Erschließung des Raumes erfolgt unter wechselnden Fragestellungen gemäß den Themenbereichen und Lernzielen des Lehrplans. Eine abschließende orientierende Zusammenfassung ermöglicht es dem Schüler, seine Vertrautheit mit den erworbenen Kenntnissen und Arbeitstechniken zu zeigen. Bei der zeitlichen Anordnung der Themenbereiche, der Auswahl der Raumbeispiele und der unterrichtlichen Umsetzung berücksichtigt der Lehrer Lebenssituation und Interessen seiner Schüler. Wo immer möglich, sucht er den Bezug zum Nahraum. Er nutzt die sich anbietenden Beziehungen zwischen der Erdkunde und anderen Fächern.

Die Vielfalt der Inhalte und Aufgaben des Erdkundeunterrichts verlangt und erlaubt methodische Vielseitigkeit. Der Lehrer bemüht sich um eine Problemstellung, die zur Auseinandersetzung mit dem Thema herausfordert. Unmittelbare Beobachtung, Darstellungen im Sandkasten, Modelle, Bilder, Filme, Fernseh- und Rundfunksendungen, Presse und Reiseberichte, Grafiken und Statistiken dienen der Information und Veranschaulichung. Intensives Arbeiten mit Atlas und Wandkarten, Erstellen von Lage- und Profilskizzen, Orientierungsübungen, z. B. an „stummen Karten", führen zu wachsender Sicherheit in der räumlichen Orientierung. Für den Erwerb und die Übung fachlicher Arbeitstechniken muß genügend Zeit vorgesehen werden. Entsprechendes gilt für die Wiederholung und Sicherung der Unterrichtsergebnisse.

Erdkundliche ARBEITSTECHNIKEN:

1. **Beobachten:**

   - Bestimmung von Himmelsrichtungen, Messen von Entfernungen und Höhen, Feststellung von Grenzen

   - Wahrnehmung und Untersuchung der Geofaktoren im Experiment und im Gelände (z. B. Wetterbeobachtung / -messung, Feststellung der Bodenart / Bodennutzung, Beobachtungen an Gewässern, Verkehrsbeobachtung)

   - In der Karte dargestellte geographische Objekte in der Wirklichkeit feststellen

2. **Arbeit mit Modellen:**

   - Orientierung auf Modellen (Sandkasten, Relief)

   - Phänomene des Raumes in die verkleinerte dreidimensionale Darstellung übertragen

3. Arbeit mit Bildern:

- Bildmaterial (Dia, Film, Fernsehen) entsprechend dem geographischen Aussagewert beschaffen, auswählen und beurteilen
- Dem Bildmaterial geographische Informationen entnehmen
- Die Informationen in Verbindung mit anderen Anschauungsmitteln (z. B. Karten) interpretieren
- An ausgewählten Luftbildern Größen und Distanzen schätzen, Oberflächenformen, Bodenbewachsung und Gewässer, Siedlungs- und Wirtschaftsformen sowie die Art der Verkehrserschließung erkennen und beschreiben

4. Arbeit mit Skizzen:

- Lage- und Grundrißskizzen maßstäblich richtig und geordnet anlegen
- In Lage- und Grundrißskizzen geographische Sachverhalte eintragen
- Einfache Profilskizzen maßstäblich richtig zeichnen
- Einfache Kausalprofile entwerfen

5. Arbeit mit Plänen und Karten:

- Auf Plänen und Karten unterschiedlichen Maßstabs sich orientieren sowie Lagebeziehungen und Distanzen richtig feststellen
- Auf Plänen Strukturen erkennen, beschreiben und interpretieren
- Aus kartographischen Chiffren eine Vorstellung von der Wirklichkeit entwickeln und diese beschreiben
- Die Aussagen verschiedener thematischer Karten synoptisch auswerten (z. B. Übertragung in transparente Deckblätter gleichen Maßstabs)

6. Arbeit mit Zahlen und graphischen Darstellungen:

- Statistisches Material über einfache Sachverhalte durch eigene Erhebung beschaffen, auswerten, in eine Graphik einordnen
- Interpretation graphischer Darstellungen

7. Verbale Darstellung und Arbeit mit Texten:

- Über eigene Beobachtungen und Untersuchungen berichten (mündlich, schriftlich)
- Geofaktoren beschreiben
- Geographische Aussagen aus Publikationen (Bücher, Zeitungen, Zeitschriften, Prospekte etc.) ermitteln, entnehmen, ordnen und auswerten
- Geographische Aussagen aus Publikationen beurteilen und bewerten (z. B. nach subjektiver "Meinung" oder Absicht und objektiver Darstellung trennen)

STRUKTURMODELL einer Unterrichtseinheit:

I. PROBLEMSTELLUNG, RAUMBEGEGNUNG, SITUATIONSKONFRONTATION

- Originale Begegnung durch:
  Unterrichtsgang, Interviews, Beobachtungen (Verkehrs-/Einkaufsgewohnheiten)
- Untersuchung von Bodenarten, naturgeographische Erkundung (Salzbergwerk, Jurasteinbruch)
- Repräsentation eines Raumes durch:
  Industrieprodukte, Reiseandenken, Rohstoffe
- Abbildung der Wirklichkeit durch:
  Bild, Film, Fernsehsendung, Karte, Modell, Prospektmaterial, Tonband, Diagramm, Zahlenmaterial
- Aktueller Bezug durch:
  Zeitungsmeldungen, Berichte des Fernsehens, (Erdbebenkatastrophe, Hungersnot...)
- Erlebnisvermittlung durch:
  Lehrererzählung, Tonband, Schulfunk
- Planungs- und Handlungssituation

P r o b l e m a t i s i e r u n g des Sachverhalts

- Wecken der Fragehaltung, Verbalisieren auftauchender Probleme,
- Sammeln von Fragestellungen. "Warum"-Fragen auf sozialgeographische Zielsetzung ausrichten.

Formulierung der P r o b l e m f r a g e

Fixieren TA, OHP

II. PROBLEMUNTERSUCHUNG, RAUM-/SITUATIONSANALYSE

- Aktivieren von Vermutungen zum Problem. Notieren (OHP). Entwickeln von Lösungsstrategien.
- Auseinandersetzung mit dem erdkundlichen Problem durch:
  eine möglichst selbständige Informationsentnahme und -verarbeitung
  (in arbeitsgleicher oder arbeitsteiliger Gruppenarbeit) aus:
- Text, Bild, Modell, Karte, Tabelle, Statistik, Buch, thematische Karte, Film..., Lesen, Anfertigen, Beschreiben von Karten, Tabellen, Plänen
- Ergebnissichtung / Zusammenschau der Teilergebnisse, Analyse der Fakten

III. PROBLEM-/RAUM-/SITUATIONSBEURTEILUNG

- Erkenntnisgewinnung
- Interpretieren und Vergleichen der gefundenen Ergebnisse, Fixierung der Ergebnisse (TA), Rückkehr zur Ausgangsfrage, Diskussion der Konsequenzen aus den gewonnenen Einsichten (Stoffwissen muß Funktionswissen werden).
- Aufsuchen ähnlicher Beispiele und Sachverhalten im Raum (Transfer).

IV. WERTUNG/SICHERUNG/FESTIGUNG

- Anbahnen des Entscheidungshandelns
- Erdkundliche Erkenntnisse möglichst verbal und zeichnerisch festhalten (Arbeitsblätter, Lückentexte, Kurzniederschriften, ...)
- Beachtung von Teil- und Gesamtzusammenfassung!
- Bei Lernzielkontrollen nicht nur Wissen, sondern auch Einsichten und Arbeitstechniken überprüfen!

THEMA

Warum ist Brasilien ein Entwicklungsland?
(Kennzeichen eines Entwicklungslandes) (Doppelstunde)

LERNZIELE

1. Die Schüler sollen erkennen, warum Brasilien ein Entwicklungsland ist.
2. Die Schüler sollen dabei die Kennzeichen eines Entwicklungslandes kennenlernen.
3. Die Schüler sollen thematische Karten auswerten können (Übersichten, Statistiken).

ARBEITSMITTEL/MEDIEN

Folie (Karikatur)
Arbeitsblatt (Kennzeichen eines Entwicklungslandes)
4 Informationsblätter (Schaubilder etc.)

TAFELBILD/FOLIE

„Seid froh, daß es euch nicht so gut geht, denn Reichtum bringt ja nichts als Sorgen."

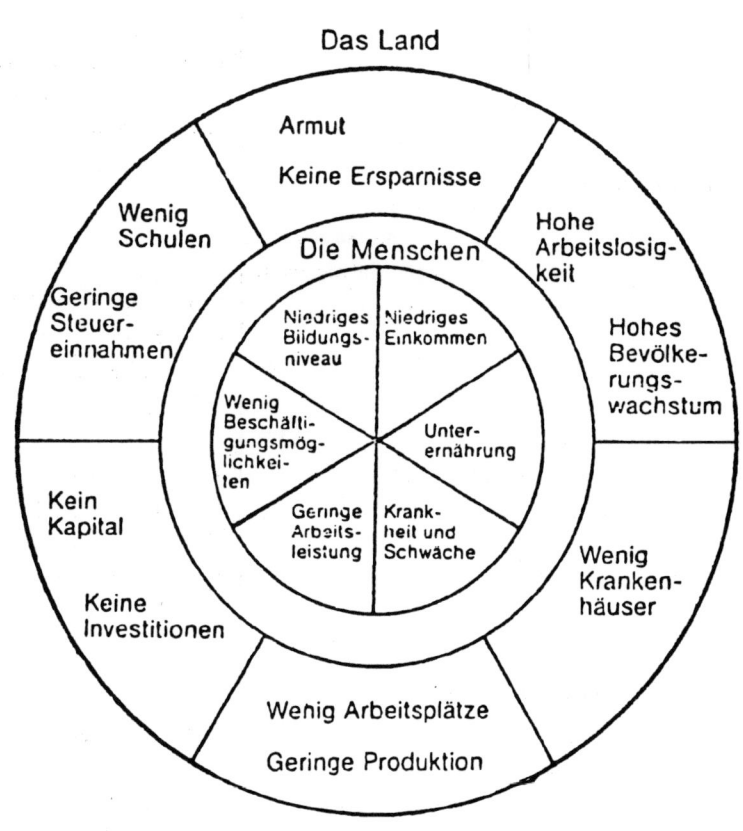

HINWEISE/NOTIZEN

Unterrichtsstufe Zielangabe	METHODE		LERNINHALTE (STOFF)	ZEIT
TZ und (TZ) Zusf.	Lehr / Lernakte	Medieneinsatz	Tafelanschrift (bzw. Folie)	
I. HINFÜHRUNG				
	Stummer Impuls		L: zeigt Karikatur	
	Aussprache			
Zielangabe (1)			Entwicklungsländer	
II. ERARBEITUNG				
	Impuls		L: Wenn wir "Entwicklungsländer" sagen, denken wir an ganz bestimmte Länder bzw. Erdteile!	
			SSS: Afrika, Südamerika, Indien,...	
	Impuls/AA	TLP Folie (versch. Länder)	L: Ich habe hier einige Länder aufgeführt. Unterstreiche die Länder, die deiner Meinung nach EL sind!	
Zsf.	LSG			
Zielangabe (2)		TA	Warum ist Brasilien ein Entwicklungsland?	
	AA/PA	Informationsblätter (S. 12-15)	L: Versuche aus den folgenden Statistiken herauszufinden, warum Brasilien ein Entwicklungsland ist!	
	Erarbeitung			
	Auswertung/LSG	TA	1. Hoher Bevölkerungszuwachs	
			2. Wenig Nahrung	
			3. Hohe Kindersterblichkeit	
			4. Geringe Ausgaben für medizinische Versorgung	
			5. Hohe Analphabetenquote	
			6. Hohe Auslandsverschuldung	
			7. Geringes Einkommen	
			8. Schwach ausgeprägtes Bildungssystem	
III. VERTIEFUNG				
		Arbeitsblatt/ Informationsblatt (S. 11)	Kennzeichen eines Entwicklungslandes (Auszug aus: "Partner Dritte Welt")	
	AA/EA		L: Suche nun aus den hier angegebenen 9 Merkmalen eines EL diejenigen heraus, die wir noch nicht angeführt haben!	
	Erarbeitung			
	Auswertung/LSG	TA	9. Einkommen sind ungleich verteilt	
			10. Hoher Anteil der Erwerbstätigen in der Landwirtschaft	
			11. Wenig Arbeitsplätze	
			12. Verhältnis von Ausfuhren und Einfuhren ist ungleich	
			13. Klima (Dürre, Wassermangel)	
			14. Krasse Unterschiede zwischen Armut und Reichtum	
IV. SICHERUNG/AUSWEITUNG				
	Impuls		L: Du kannst nun die Zusammenhänge beschreiben!	
	Aussprache			
		Folie TLP (S. 16)	Hochverschuldete Entwicklungsländer/Brasilien: Auslandsverschuldung	
			Anmerkung: Eine vertiefte Durcharbeitung der aufgeführten Statistiken ist vom Thema und vom Zeitaufwand her nicht möglich. Eine detaillierte Aufarbeitung dieser Statistiken folgt in der UE "Industriestaaten und Entwicklungsländer - ein Vergleich".	

ERDKUNDE

NAME: _____ KLASSE: _____ DATUM: _____ NR.: ____

Kennzeichen eines Entwicklungslandes

„Nairobi bietet den Besuchern Restaurants mit verlockenden indischen, chinesischen, afrikanischen und europäischen Spezialitäten, Auto-Kinos, Theater, zahlreiche Bars, Nachtklubs und Spielkasinos, farbenprächtige, mit Waren und Souvenirs überhäufte Basar- und Marktstraßen, vierspurige Autostraßen, gepflegte, immerblühende Parkanlagen ..." So beschreibt ein deutscher Reiseprospekt die Hauptstadt Kenias. Kenia ist ein Entwicklungsland.

„Staatliche Universität (gegründet 1920), katholische Universität (gegründet 1940), Universität des Bundesstaates (gegründet 1950), Ingenieurhochschule (gegründet 1874), Militärakademien, Akademien der Schönen Künste (gegründet 1848), Akademie der Wissenschaften, Akademien für Medizin und Pharmazie, agrarwissenschaftliche Forschungsinstitute, Kommission für Atomenergie mit Kernforschungsinstitut ..." So beschreibt ein deutsches Lexikon die Hochschulen von Rio de Janeiro in Brasilien. Brasilien ist ein Entwicklungsland.

Wer also die Vorstellung hat, Entwicklungsländer seien allesamt von Urwald oder Wüste bedeckt und von Steinzeitmenschen bewohnt, der lebt hinterm Mond. Natürlich gibt es dort Urwälder und Wüsten, auch nackte Eingeborene, die mit Pfeil und Bogen auf Jagd schleichen; es gibt Leute dort, die noch nie ein Auto oder einen Fernseher erblickt haben. Aber das sind Minderheiten. In denselben Ländern findet man auch Hochschulen und modern ausgerüstete Armeen und zwanzigstöckige Hotels und Leute, die sich Privatflugzeuge leisten können. Es ist geradezu typisch für ein Entwicklungsland, daß Gebiete rund um die Großstädte so hochentwickelt sind wie europäische Metropolen, während im gleichen Land in weiten Teilen die Menschen noch in ihrer überlieferten Kultur leben wie vor Hunderten von Jahren, ohne Straßen, ohne Strom, ohne Streik. Und mitunter leben in riesigen Gebieten Hunderttausende Armer, die nichts zu essen finden, und einige wenige Reiche, die keinen Schlaf finden, aus Furcht vor der Wut der Armen.

(aus: "Partner Dritte Welt")

Um es gleich etwas zu vereinfachen: Das Bruttosozialprodukt (BSP) gibt in Mark und Pfennig an, was all das wert ist, was in einem Staat von allen erwerbstätigen Bürgern in einem Jahr geschaffen wird.

Woran aber erkennt man nun, daß ein Land Entwicklungsland ist? Um es gleich zu sagen: Einen allseits anerkannten Maßstab dafür gibt es nicht. Mehr noch: Nachdenkliche Menschen fragen sich in jüngster Zeit, ob wir, die wir in hochtechnisierten Ländern leben, einfach unseren Lebensstandard, unsere Normen und Gewohnheiten als Vergleich heranziehen dürfen, um zu sagen, andere Länder seien zurückgeblieben in ihrer Entwicklung. Man darf also nicht vergessen: Die Bezeichnung „Entwicklungsland" besagt nur, daß ein Land in seiner *wirtschaftlichen* Entwicklung noch nicht so weit ist wie die Industriestaaten.

Daraus und aus anderen Bedingungen ergeben sich einige Merkmale, die kennzeichnend sind für ein Entwicklungsland. Auf einige Länder treffen alle diese Merkmale zu, auf andere nur einige. Die Merkmale allein sagen aber noch nichts über die Ursachen von Unterentwicklung aus.

Merkmal 1:
Die Menschen verdienen sehr wenig. Das durchschnittliche Einkommen pro Kopf der Bevölkerung ist erheblich niedriger als bei uns.

Merkmal 2:
Die Einkommen sind außerordentlich ungleich verteilt, ebenso die Möglichkeiten, die natürlichen Reichtümer des Landes auszubeuten. Wenige Leute besitzen Unternehmen und riesige Ländereien, die andern fast überhaupt nichts.

Merkmal 3:
Die Menschen leben überwiegend von der Landwirtschaft. Viele von ihnen haben nur so viel Land, daß sie gerade für ihren Eigenbedarf anbauen, aber nichts davon verkaufen können (man nennt das Selbstversorgungs- oder Subsistenzwirtschaft).

Merkmal 4:
Unzähligen Menschen, die arbeiten möchten, stehen nur wenige Arbeitsplätze gegenüber. Da kaum Industrie im Lande ist, fehlen Ausbildungsplätze.

Merkmal 5:
Das Verhältnis von Einfuhren zu Ausfuhren ist außerordentlich ungleich. Im Lande selbst gibt es außer Rohstoffen nicht viel, was in andere Länder ausgeführt werden kann. Dagegen müssen fast alle Fertigwaren (Maschinen, Konsumgüter) im Ausland gekauft und eingeführt werden. Es fehlt aber an Geld (Devisen), womit Einfuhren bezahlt werden könnten.

Merkmal 6:
Die Einwohnerzahl wächst sehr schnell, erheblich schneller als bei uns.

Merkmal 7:
Ein großer Teil der Bevölkerung ist dauernd unterernährt. Die Hungernden haben kein Land, um etwas anzubauen, und kein Geld (da keine Arbeit), um sich etwas zu kaufen. Sie können sich im Augenblick nicht mit eigener Kraft aus dieser Lage befreien.

Merkmal 8:
Das Klima ist unausgeglichen: Weite Gebiete leiden unter Dürren, Überschwemmungen und Wassermangel. Andererseits finden sich vielerorts reiche Bodenschätze.

Merkmal 9:
Hochentwickelten Gebieten (Hauptstädten, Plantagen, Exportkulturen, Bergbau) stehen weite unerschlossene, in Armut versunkene Landesteile gegenüber. Es führen weder Straßen noch Schienenwege dorthin.

In vielen Ländern treten alle diese Merkmale gemeinsam auf. Es sind die allerärmsten. Vor allem diese Länder brauchen Hilfe von außen.

Daneben stehen Entwicklungsländer, die sich weitgehend aus eigener Kraft entwickeln können zu Staaten, wo Hunger und Armut langsam abnehmen, wo fast jeder lesen und schreiben und einen Beruf lernen kann. Man nennt sie Schwellenländer, weil sie auf der Schwelle zum Industriestaat stehen.

Was also ist ein Entwicklungsland? Ein Land, wo es den Leuten schlechter geht als uns? Das stimmt, aber nur zu einem Teil. Den hundert reichsten Familien in Nairobi geht es allemal besser als den hundert ärmsten in Niedersachsen, diesen aber hundertmal besser als den Millionen Armen in der Dritten Welt. Aber auch dies wäre zu bedenken: Einem Mann in Kamerun, der keinen Pfennig hat, aber genug anbaut, um seine Familie zu ernähren, diesem Mann geht es doch wohl nicht schlechter als einem Stadtstreicher am Berliner Bahnhof Zoo, der sich von 600 Mark Sozialhilfe langsam zu Tode säuft, oder?

Um bei allen Unterschieden unter den Entwicklungsländern doch einen Vergleichsmaßstab zu haben, hat man sich darauf geeinigt, das Bruttosozialprodukt pro Kopf als Meßgröße zu nehmen.

↓

Was heißt Bruttosozialprodukt?

© pb-verlag puchheim

Arbeitslosenquoten in ausgewählten Entwicklungsländern zwischen 1970 und 1988
(in Prozent)

	1970	1975	1980	1988
Afrika				
Ägypten	2,4	2,5	5,2	...
Ghana	...	1,0	1,2	0,5[1]
Amerika				
Argentinien	4,8	2,3	2,3	5,2[2]
Bolivien	9,0	5,2	5,8	20,5[2]
Kolumbien	5,9	6,9	9,1	10,2[2]
Chile	3,4	14,7	10,4	8,1
Jamaica	...	20,5	26,8	23,6[1]
Panama	7,1	6,4	8,8	11,6[2]
Peru	4,7	4,9	7,0	8,2[1]
Uruguay	7,5	...	7,3	9,3[2]
Venezuela	6,3	6,0	6,2	9,1[2]
Asien				
Hongkong	...	9,1	4,3	1,7
Rep. Korea	4,5	4,1	5,2	2,5
Philippinen	5,2	3,9	4,8	9,1[2]
Singapur	6,0	4,5	3,0	...
Zum Vergleich:				
BR Deutschland	0,7	4,7	3,8	8,1
Japan	1,1	1,9	2,0	2,4
USA	4,9	8,5	7,0	5,5

[1] 1986 [2] 1987 ... = keine Angaben verfügbar Zur Problematik der Arbeitslosenzahlen in Entwicklungsländern vgl. Seite 42.
Quellen: ILO, Statistisches Bundesamt

Bruttoinlandsprodukt und Bruttosozialprodukt je Einwohner 1988 in ausgewählten Industrie- und Entwicklungsländern

	Bruttoinlandsprodukt			Bruttosozialprodukt pro Kopf	
	in Mio. US-$ 1988	Jährliches durchschnittliches Wachstum in % 1965–1980	1980–1988	in US-$ 1988	Jährliches durchschnittliches Wachstum in % 1965–1988
EL insgesamt	**3 060 950**	**5,8**	**4,3**	**750**	**2,7**
EL mit niedrigem Einkommen	886 620	5,4	6,4	320	3,1
darunter:					
Moçambique	1 100	...	−2,8	100	...
Pakistan	34 050	5,1	6,5	350	2,5
VR China	372 320	6,4	10,3	330	5,4
Ghana	5 230	1,4	2,1	400	−1,6
EL mit mittlerem Einkommen	2 200 750	6,1	2,9	1 930	2,3
darunter:					
Bolivien	4 310	4,5	−1,6	570	−0,6
Arab. Rep. Jemen	5 910	...	6,5	640	4,7
Kongo	2 150	6,3	4,0	910	3,5
Argentinien	79 440	3,5	−0,2	2 520	0,0
Syrien	14 950	8,7	0,5	1 680	2,9
Ölexporteure mit hohem Einkommen	234 370	8,0	−1,3	8 380	3,1
darunter:					
Kuwait	19 970	1,2	−1,1	13 400	−4,3
Saudi-Arabien	72 620	11,3	−3,3	6 200	3,8
Marktwirtschaftl. Industrieländer	**13 867 530**	**3,7**	**2,8**	**17 080**	**2,3**
darunter:					
BR Deutschland	1 201 820	3,3	1,8	18 480	2,5
Japan	2 843 710	6,5	3,9	21 020	4,3
USA	4 847 310	2,7	3,3	19 840	1,6

... = keine Angaben verfügbar
Quelle: Weltentwicklungsbericht 1990

Wie eine Bevölkerung wächst
Ein historischer Vergleich zwischen Europa und Afrika

	Geburtenziffer Geburten je 1000 Einwohner	Sterbeziffer Sterbefälle je 1000 Einwohner	Eine Mio. Einwohner wächst pro Jahr um	Lebenserwartung in Jahren
Deutschland 1871	34	28	6 000	35
Kenia 1985	54	13	41 000	54

Geburten- und Sterbeziffern früher und heute

		1841	1875	1900	1925	1950	1965	1985
Deutschland*)	Geburtenziffern	36,4	40,6	35,6	20,8	16,2	18	10
	Sterbeziffern	26,2	27,6	22,1	11,9	12	12	11
Tansania**)	Geburtenziffern					45	49	50
	Sterbeziffern					35	22	15

*) Ab 1950: Bundesrepublik Deutschland **) 1950: Tanganjika
Quelle: Statistisches Bundesamt; Encyclopædia Britannica; Weltentwicklungsberichte

Gesundheitswesen

	A	B	C
Entw.-Länder	4 790	62	67
darunter:			
Äthiopien	78 970	47	135
Burkina Faso	57 220	47	137
Moçambique	37 960	48	139
Mali	25 390	47	168
Somalia	16 080	47	130
Mauretanien	12 120	46	125
Indonesien	9 460	61	68
Thailand	6 290	65	30
Indien	2 520	58	97
Mexiko	1 240	69	46
Brasilien	1 080	65	61
zum Vergleich:			
BR Deutschland	380	75	8
1900:		46	226
1925:		58	105

A = Einwohner je Arzt (Mitte der achtziger Jahre)
B = Lebenserwartung bei der Geburt 1988 in Jahren
C = Säuglingssterbeziffern 1988 (Anzahl der Säuglinge, die je 1000 Lebendgeburten vor Vollendung des ersten Lebensjahres sterben)
Quelle: Weltentwicklungsbericht 1990

Grundschüler in Prozent ihrer Altersgruppe 1987 in Entwicklungsländern
(Einschulungsquote)

Anzahl der Länder*) mit einer Quote:		Einwohner 1988 in Mio.
unter 50%	9 (8)	110
50 bis 75%	17 (13)	364
75 bis 90%	5 (2)	175
90% und mehr	56 (11)	3 090
ohne Angabe	14 (5)	243

*) In Klammern: Länder in Schwarzafrika
Quelle: Weltentwicklungsbericht 1990

Bruttosozialprodukt je Einwohner 1988
(in US-Dollar)

Alle Entwicklungsländer	750
darunter:	
42 Länder mit niedrigem Einkommen*)	320
54 Länder mit mittlerem Einkommen*)	1 930
6 Länder mit hohem Einkommen	8 380
zum Vergleich:	
Bundesrepublik Deutschland	18 480

*) s. Karte S. 31   Quelle: Weltentwicklungsbericht 1990

Jährliche Wachstumsraten der Weltbevölkerung 1950 bis 2025 (in Prozent)

	1950–1985	1985–2000	2000–2025
Afrika	2,6	3,1	2,5
Lateinamerika	2,6	2,0	1,4
Asien	2,1	1,6	1,0
Europa	0,7	0,3	0,1
UdSSR	1,3	0,8	0,6
Nordamerika	1,3	0,8	0,6
Welt insgesamt	**1,9**	**1,6**	**1,2**

Quelle: UN-Department of International Economic and Social Affairs

Schulden

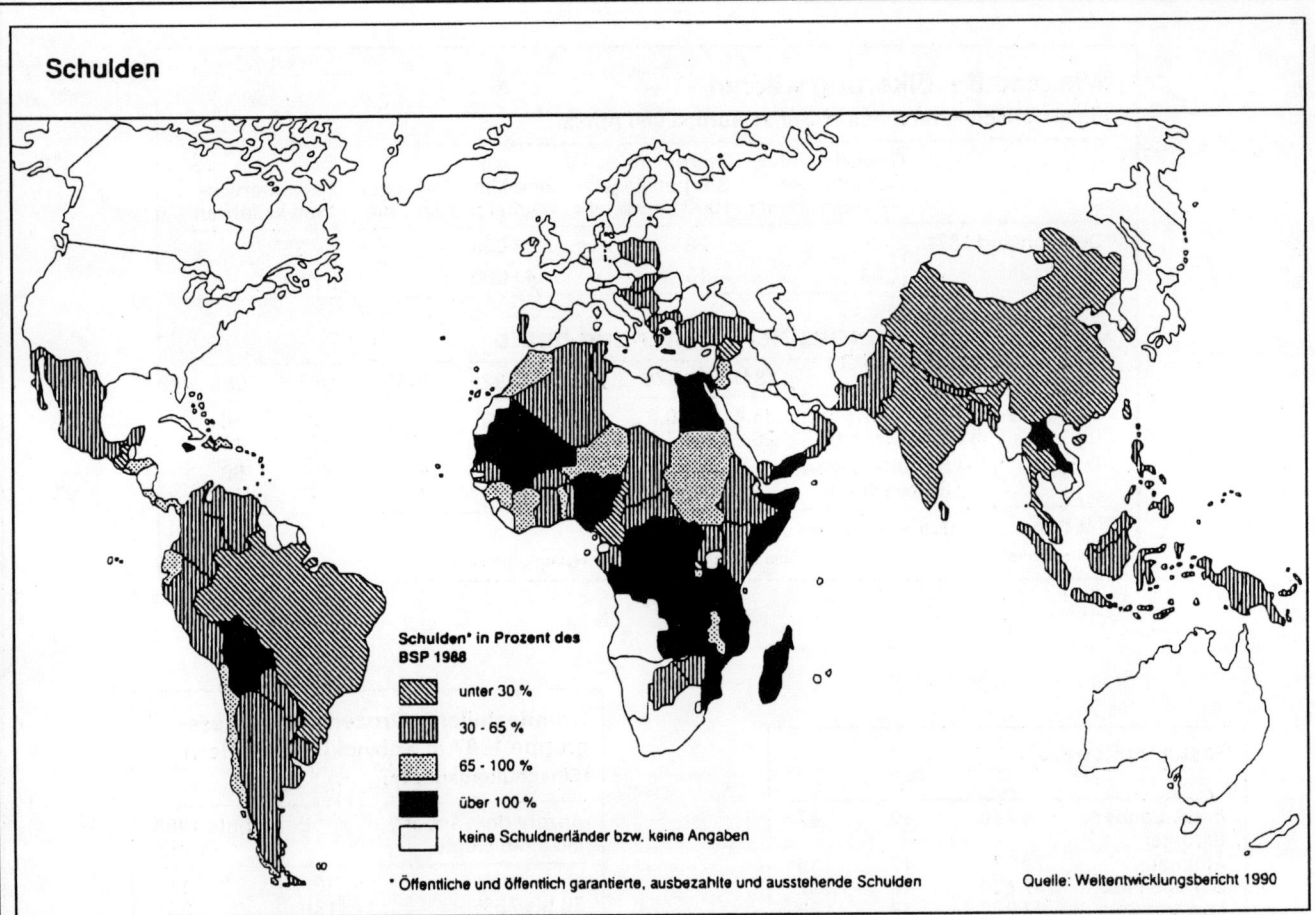

Schulden* in Prozent des BSP 1988
- unter 30 %
- 30 - 65 %
- 65 - 100 %
- über 100 %
- keine Schuldnerländer bzw. keine Angaben

* Öffentliche und öffentlich garantierte, ausbezahlte und ausstehende Schulden

Quelle: Weltentwicklungsbericht 1990

Hochverschuldete Länder der Dritten Welt 1980–1989

	Verschuldung[1] in Mrd. US-$					A[2]	B[3]
	1980	1982	1984	1986	1989		
Brasilien	70,2	91,3	103,5	108,0	112,7	9,3	5,6
Mexiko	57,5	86,1	97,4	102,6	102,6	8,5	2,8
Argentinien	27,2	43,6	46,8	53,1	61,9	5,1	3,8
Venezuela	29,6	31,8	33,0	34,1	34,1	2,8	2,2
Nigeria	8,9	12,4	18,2	22,5	29,0	2,4	0,8
Philippinen	17,5	24,3	24,6	28,1	28,5	2,3	0,3
Marokko	10,0	11,7	13,1	16,4	20,8	1,7	0,2
Peru	10,0	12,3	13,1	14,7	19,9	1,6	0,3
Jugoslawien	18,5	20,0	19,8	20,1	19,3	1,6	1,4
Chile	12,1	17,3	20,0	21,2	18,5	1,5	0,8
Kolumbien	6,9	10,3	12,3	14,7	15,4	1,3	0,6
Elfenbeinküste	5,9	7,9	7,5	7,6	14,0	1,2	0,1
Ecuador	6,0	7,7	8,3	9,1	11,5	0,9	0,4
Bolivien	2,7	3,2	3,9	4,4	5,8	0,5	0,1
Uruguay	1,7	2,6	3,3	5,1	4,5	0,4	0,3
Alle 15 Länder zus.	**250,5**	**339,8**	**374,5**	**404,4**	**434,8**	**35,8**	**19,7**

[1] Kurzfristige und langfristige Schulden, IWF-Kredite [2] Anteil an der Gesamtverschuldung der Dritten Welt 1989 in %
[3] Verschuldung bei deutschen Banken in Mrd. US-$ 1989

Quellen: Weltbank, World Debt Tables 1989–90; Deutsche Bundesbank

Auslandsverschuldung der Entwicklungsländer in Mrd. $

	1982	1984	1986	1988	1991[1]
Insgesamt	**836**	**926**	**1 095**	**1 217**	**1 313**
davon langfristig	652	758	922	1 005	1 103
kurzfristig	184	168	173	212	210
öffentlich	250	304	408	490	587
privat	586	622	687	727	726

1) Voraussage

Quelle: IWF, World Economic Outlook, Mai 1990

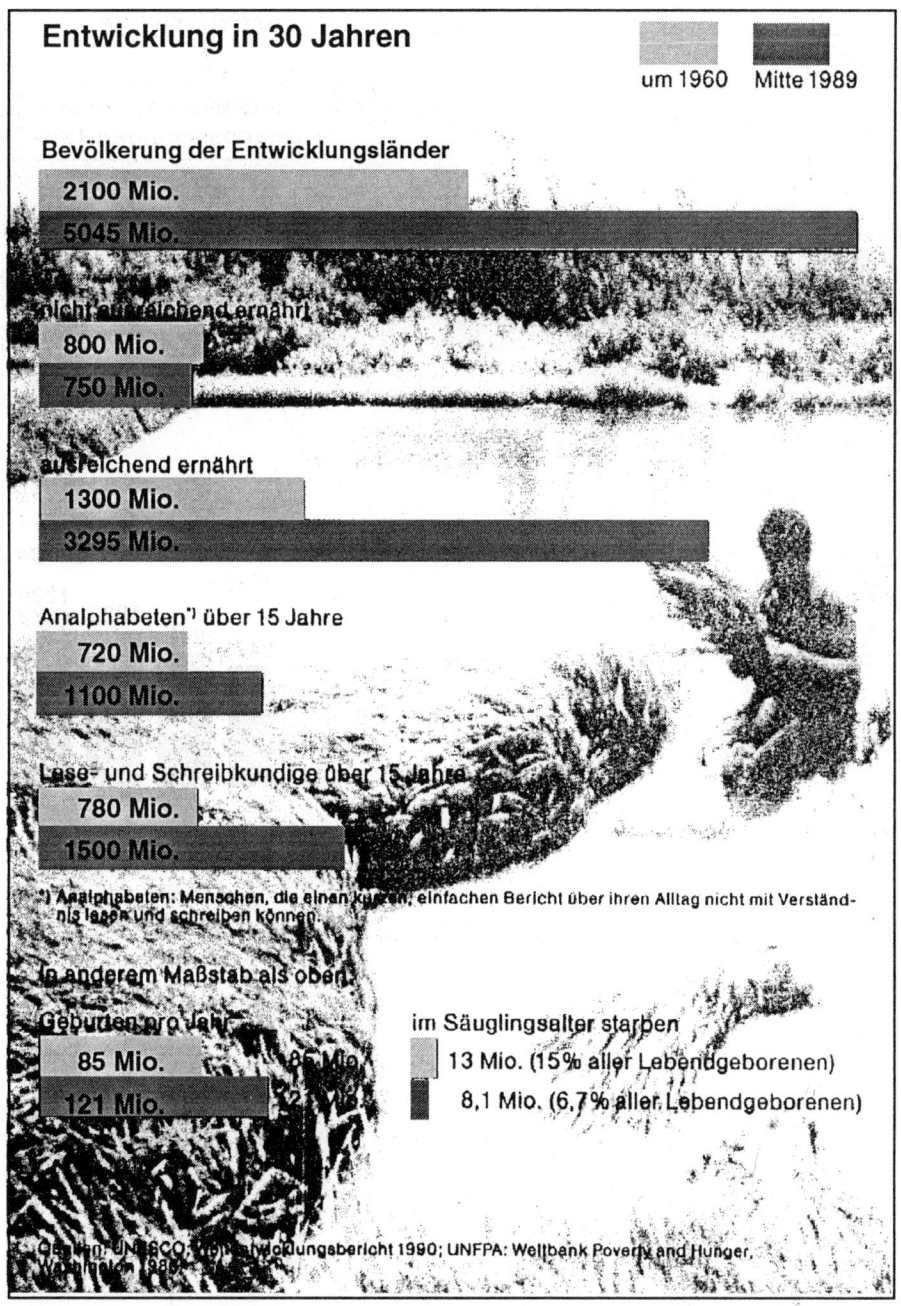

Entwicklung in 30 Jahren

um 1960 | Mitte 1989

Bevölkerung der Entwicklungsländer
- 2100 Mio.
- 5045 Mio.

nicht ausreichend ernährt
- 800 Mio.
- 750 Mio.

ausreichend ernährt
- 1300 Mio.
- 3295 Mio.

Analphabeten*) über 15 Jahre
- 720 Mio.
- 1100 Mio.

Lese- und Schreibkundige über 15 Jahre
- 780 Mio.
- 1500 Mio.

*) Analphabeten: Menschen, die einen kurzen, einfachen Bericht über ihren Alltag nicht mit Verständnis lesen und schreiben können.

In anderem Maßstab als oben:

Geburten pro Jahr
- 85 Mio.
- 121 Mio.

im Säuglingsalter starben
- 13 Mio. (15% aller Lebendgeborenen)
- 8,1 Mio. (6,7% aller Lebendgeborenen)

Quellen: UNESCO: Weltentwicklungsbericht 1990; UNFPA; Weltbank Poverty and Hunger, Washington 1986

Mangelernährte und ausreichend Ernährte in der Dritten Welt 1990 und 2000

1990	Prognose					
	realistisch		optimistisch		realistisch	optimistisch
	Mangelernährte				ausreichend Ernährte	
	in Mio.	in %	in Mio.	in %	in Mio.	
Afrika	84	14	63	10	532	553
Asien	291	10	254	9	2572	2612
Lateinamerika	33	7	29	6	423	427
Dritte Welt insgesamt	**408**	**10**	**346**	**9**	**3530**	**3592**
2000						
Afrika	80	10	42	5	731	769
Asien	284	8,5	201	6	3041	3124
Lateinamerika	26	4,5	17	3	538	547
Dritte Welt insgesamt	**390**	**8**	**260**	**5,5**	**4310**	**4440**

Quellen: FAO; Global 2000

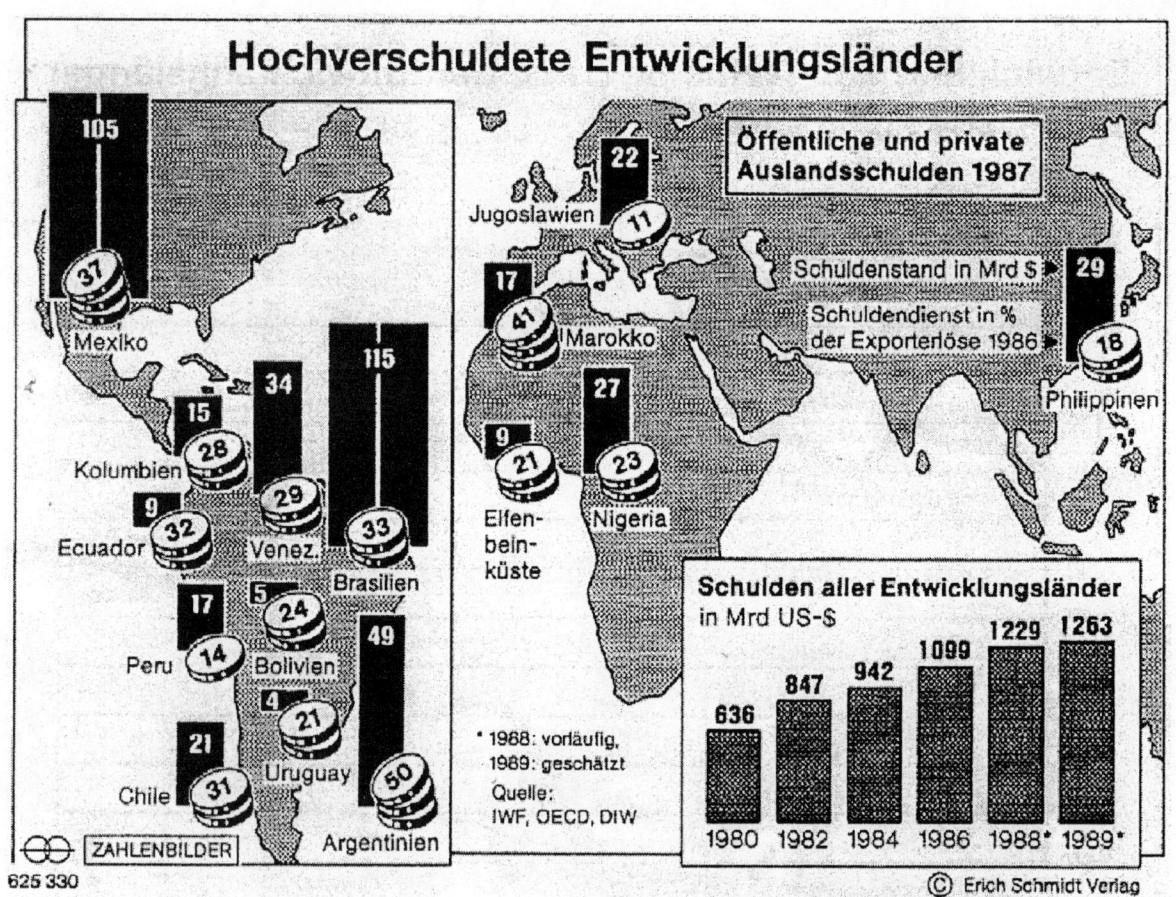
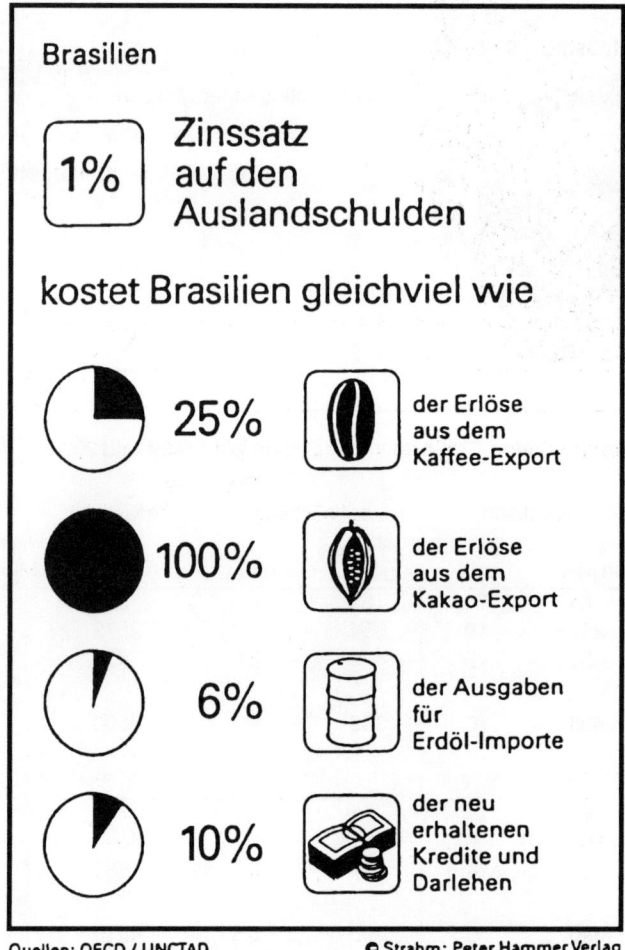

THEMA	Begegnung mit dem **Afrikaner** SHADDRUK

LERNZIELE

1. Die Schüler sollen am Beispiel des Afrikaners SHADDRUK die Lebensverhältnisse im Entwicklungsland Kenia kennenlernen.
2. Die Schüler sollen ihre Vorurteile gegenüber fremden Völkern und Kulturen überprüfen und gegebenenfalls reduzieren.
3. Die Schüler sollen anhand des Beispiels des Afrikaners SHADDRUK Notsituationen von Menschen in Entwicklungsländern kennenlernen.

ARBEITSMITTEL/MEDIEN

Weltkarte, AB mit Folie, Film: "Begegnung mit dem Afrikaner SHADDRUK" 32 5463, Reiseprospekt Kenia

TAFELBILD/FOLIE

Simbabwe - Menschen in einem Entwicklungsland

Am 18.4.1980 wurde die ehemalige britische Kolonie Rhodesien unabhängig und wurde so zu einem eigenständigen Staat in Afrika, zu der Republik Simbabwe.

Vieles hat sich geändert, seit aus Rhodesien Simbabwe wurde. Nach dem langen und blutigen Bürgerkrieg bemüht sich die Regierung, einen friedlichen Staat aufzubauen und gleichzeitig ihre Versprechen für soziale Gerechtigkeit einzulösen. Über die wirtschaftliche Leistungsfähigkeit der großen, von Weißen betriebenen Farmen wird oft gesprochen.

Wenig gesprochen wird aber leider von der Bevölkerungsgruppe, die Simbabwe immer noch zu einem Entwicklungsland machen: von den 1,5 Millionen schwarzen Farmarbeitern und ihren Familien.

Simbabwe ist ca. eineinhalbmal so groß wie die Bundesrepublik und hat ca. 7,5 Millionen Einwohner, von denen wiederum ca. 40 % Analphabeten sind.

Viele dieser sozial schwächsten Gruppen, zu denen vor allem die Farmarbeiter zählen, leben unter menschenunwürdigen Bedingungen.

Der Lohn beträgt etwa DM 85,-- im Monat. Eine Schulausbildung gibt es für die Kinder nicht. Kinderarbeit ist völlig normal. Monatelange Arbeit bei täglich bis zu 16stündiger Arbeitszeit ist für die Kinder dort ihr Leben.

Zwischen 100 und 400 Menschen leben auf den Farmen. Ihre Ansiedlungen sind eingezäunt und bestehen aus einer Aneinanderreihung von Lehmhütten. Üblich sind ein Wasseranschluß, der allerdings einige hundert Meter entfernt sein kann, für alle und "Busch-Toiletten", die als Sickergruben neben den Häusern wegen des Gestanks und den Fliegen schnell zu finden sind. Als Folge dieser katastrophalen hygienischen Verhältnisse kommt es natürlich häufig zu Infektionskrankheiten.

Im Krankenhaus werden überwiegend unterernährte und kranke Kinder der Farmarbeiter behandelt. Sie leiden an typischen Armutskrankheiten - Tuberkulose, Marasmus, Typhus, chronischer Durchfall. Eines von fünf Kindern stirbt regelmäßig - letztlich an den Folgen des Hungers . . .

Quelle: "Zusammenarbeit mit Entwicklungsländern" BMZ

Unterrichtsstufe METHODE	LERNINHALTE (STOFF)	ZEIT
Zielangabe		
TZ und (TZ) Zust. Lehr / Lernakte Medieneinsatz	Tafelanschrift (bzw. Folie)	
I. HINFÜHRUNG:		
Anknüpfung an die vorige Stunde	SS: nennen die Merkmale eines EL (Hungersnot, Arbeitslosigkeit, Verschuldung ...)	
Impuls (Reiseprospekt Kenia)	L: Auch so können aber EL aussehen!	
	SS: Kluft zwischen Arm und Reich ... Touristen ...	
Zielangabe TA	Begegnung mit dem Afrikaner SHADDRUK	
II. ERARBEITUNG:		
Impuls	L: Zunächst sollten wir uns über die geographische Lage Kenias klar werden!	
Weltkarte	SS: zeigen die Lage Kenias und erläutern sie.	
AA AB	L: Informiere dich nun über das Land Kenia anhand des Informationstextes!	
Auswertung/LSG	SS: ...	
Impuls	L: Der folgende Film handelt von einem Afrikaner, der in Kenia lebt.	
AA zum Film/PA AB	L: Beantworte nach dem Film diese Fragen!	
Einsatz des Films (14 min)		
anschließend PA	SS: arbeiten die Fragen aus	
Auswertung	SS: 1. Stadtrand; Mietswohnung im Lehmhaus; ein Wohnzimmer; die Küche auf dem Hinterhof; ein kleiner Laden.	
	2. vor der Stadt; Wasser aus Brunnen; bewirtschaften S.s Land; sind Selbstversorger; Kleidung der Mutter: ländlich traditionell.	

	3. a) beim Inder: 300 Shilling/Monat (= ca. 100 DM)
	       b) als Ladenbesitzer: kleiner Überschuß
	       c) aus der Landwirtschaft: etwas Bargeld durch Baumwollverkauf; Nahrungsmittel.	

	4. Einnahmen: etwas über 300 Shilling Ausgaben: Miete 200 Shilling, Rest für Kleidung und Nahrungsmittel.	
III. AUSWEITUNG:		
Impuls	L: Viele junge Afrikaner brechen aus der Stammesgemeinschaft aus. Sie hoffen, in der Stadt ihre Lebensbedingungen zu verbessern. Dabei stoßen sie jedoch oft auf die immer gleichen Schwierigkeiten.	
	SS: zu geringer Lohn, zu wenig Arbeitsplätze.	

| ERDKUNDE | NAME: | KLASSE: | DATUM: | NR.: |

Begegnung mit dem Afrikaner SHADDRUK

Hotel Diani Sea Lodge ***VP** Diani Beach

Im Jahre 1981 neuerbautes Hotel der Mittelklasse unter deutscher Leitung.

Lage: Die Diani Sea Lodge befindet sich etwa 35 km südlich von Mombasa (täglicher Hotelbus gegen Gebühr). Die Anlage erstreckt sich direkt oberhalb des herrlichen Sandstrandes der Diani Beach. Das dem Ufer vorgelagerte Korallenriff ist hier relativ weit vom Ufer entfernt, schützt es aber dennoch vor der Brandung des Ozeans.

Ausstattung: Die Reihenbungalows (ca. 5 Zimmer nebeneinander) liegen in der großzügigen Anlage verstreut. Im Haupthaus befinden sich die Rezeption, eine Ladengalerie, Aufenthaltsräume und die Bar. Die Zimmer sind gemütlich, im Landesstil eingerichtet und haben einen kombinierten Wohn-/Schlafraum sowie Bad/WC und Klimaanlage. Die Familienzimmer besitzen

Sport- und Unterhaltung: Die Hotelleitung organisiert eine Vielzahl von Veranstaltungen, wie Folklore- und Filmaufführungen, Tanzabende, Barbeques. Die Disco mit Freiterrasse lädt zum abendlichen Tanzen ein. Auch für Sportbegeisterte wird hier einiges geboten. Minigolf, Tischtennis und Volleyball sind im Preis eingeschlossen. Tennis (Flutlicht) und Windsurfen gegen Gebühr. Möglichkeit zum Hochseefischen und Tauchen.
Gesamtbetten: 250.

Kenia liegt in Ost-Afrika und erstreckt sich auf eine Fläche von 582.646 km². Kenia liegt zu beiden Seiten des Äquators. Es hat Grenzen mit Sudan und Äthiopien im Norden und mit Somalia im Osten. Nachbar im Süden ist Tansania. Im Westen grenzt das Land an den Victoria-See und an Uganda. Außerdem besitzt es im Südosten eine rund 400 km lange Küste mit dem Indischen Ozean. Kenia hat ca. 19.000.000 Einwohner, die überwiegend Bantustämmen angehören. Die Analphabetenrate liegt noch über 50 %. Nur 15 % der Bevölkerung leben in den Städten. Die Hauptstadt des Landes, das seit 1963 unabhängig ist, ist Nairobi mit ca. 850.000 Einwohnern. In Kenia leben ca. 50.000 Europäer.

Arbeitsaufträge zum Film:

1. Wie lebt SHADDRUKS Familie?

_____
_____

2. Wie leben seine Eltern?

_____
_____

3. Wieviel verdient SHADDRUK?

_____
_____
_____

4. Stelle Einnahmen und Ausgaben gegenüber!

_____
_____
_____

ERDKUNDE

NAME: _____ KLASSE: ___ DATUM: _____ NR.: ___

Begegnung mit dem Afrikaner SHADDRUK

Hotel Diani Sea Lodge
*** VP — Diani Beach

Im Jahre 1981 neuerbautes Hotel der Mittelklasse unter deutscher Leitung.

Lage: Die Diani Sea Lodge befindet sich etwa 35 km südlich von Mombasa (täglicher Hotelbus gegen Gebühr). Die Anlage erstreckt sich direkt oberhalb des herrlichen Sandstrandes der Diani Beach. Das dem Ufer vorgelagerte Korallenriff ist hier relativ weit vom Ufer entfernt, schützt es aber dennoch vor der Brandung des Ozeans.

Ausstattung: Die Reihenbungalows (ca. 5 Zimmer nebeneinander) liegen in der großzügigen Anlage verstreut. Im Haupthaus befinden sich die Rezeption, eine Ladengalerie, Aufenthaltsräume und die Bar. Die Zimmer sind gemütlich, im Landesstil eingerichtet und haben einen kombinierten Wohn-/Schlafraum sowie Bad/WC und Klimaanlage. Die Familienzimmer besitzen

Sport- und Unterhaltung: Die Hotelleitung organisiert eine Vielzahl von Veranstaltungen, wie Folklore- und Filmaufführungen, Tanzabende, Barbeques. Die Disco mit Freiterrasse lädt zum abendlichen Tanzen ein. Auch für Sportbegeisterte wird hier einiges geboten. Minigolf, Tischtennis und Volleyball sind im Preis eingeschlossen. Tennis (Flutlicht) und Windsurfen gegen Gebühr. Möglichkeit zum Hochseefischen und Tauchen.

Gesamtbetten: 250.

Kenia liegt in Ost-Afrika und erstreckt sich auf eine Fläche von 582.646 km². Kenia liegt zu beiden Seiten des Äquators. Es hat Grenzen mit Sudan und Äthiopien im Norden und mit Somalia im Osten. Nachbar im Süden ist Tansania. Im Westen grenzt das Land an den Victoria-See und an Uganda. Außerdem besitzt es im Südosten eine rund 400 km lange Küste mit dem Indischen Ozean. Kenia hat ca. 19.000.000 Einwohner, die überwiegend Bantustämmen angehören. Die Analphabetenrate liegt noch über 50 %. Nur 15 % der Bevölkerung leben in den Städten. Die Hauptstadt des Landes, das seit 1963 unabhängig ist, ist Nairobi mit ca. 850.000 Einwohnern. In Kenia leben ca. 50.000 Europäer.

Arbeitsaufträge zum Film:

1. Wie lebt SHADDRUKS Familie?

   Stadtrand; Mietswohnung im Lehmhaus; ein Wohnzimmer; die

   Küche auf dem Hinterhof; ein kleiner Laden.

2. Wie leben seine Eltern?

   vor der Stadt; Wasser aus dem Brunnen; bewirtschaften S.

   Land; sind Selbstversorger; Kleidung der Mutter: ländlich traditionell.

3. Wieviel verdient SHADDRUK?

   a) beim Inder: 300 Shilling/Monat (= ca. DM 100,--)

   b) als Ladenbesitzer: kleiner Überschuß

   c) Landwirtschaft: etwas Bargeld durch Baumwollverkauf; Nahrungsmittel

4. Stelle Einnahmen und Ausgaben gegenüber!

   Einnahmen: etwas über 300 Shilling

   Ausgaben: Miete 200 Shilling, Rest für Kleidung und Nahrungsmittel.

THEMA

Der **Teufelskreis** der **Armut**

LERNZIELE

Die Schüler sollen

- aus wenigen vorgegebenen Begriffen den Teufelskreis der Armut entwickeln können.
- anschließend anhand aller vorgegebener Begriffe den Teufelskreis der Armut darstellen und begründen können.
- Möglichkeiten aufzeigen, diesen Teufelskreis zu durchbrechen.
- erkennen, daß die Steigerung der Nahrungsmittelproduktion in Entwicklungsländern eine breite Palette aufeinander abgestimmter Maßnahmen verlangt.
- den Armuts-Repressions-Militarisierungs-Kreis begründen können.

ARBEITSMITTEL/MEDIEN

Folie (Entwicklungsländer), Tafel, Wortkarten

Folie (Steigerung der Nahrungsmittelproduktion)
Folie (Teufelskreis der Armut 2. Modell)
Folie (Armuts-Repressions-Militarisierungs-Kreis)

TAFELBILD/FOLIE

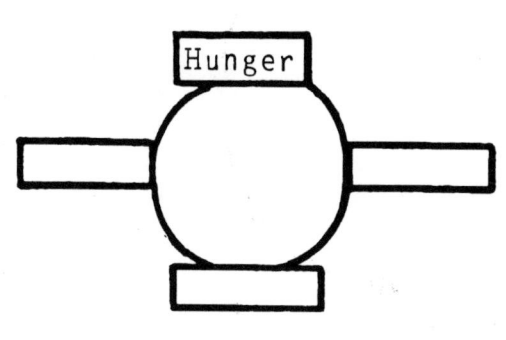

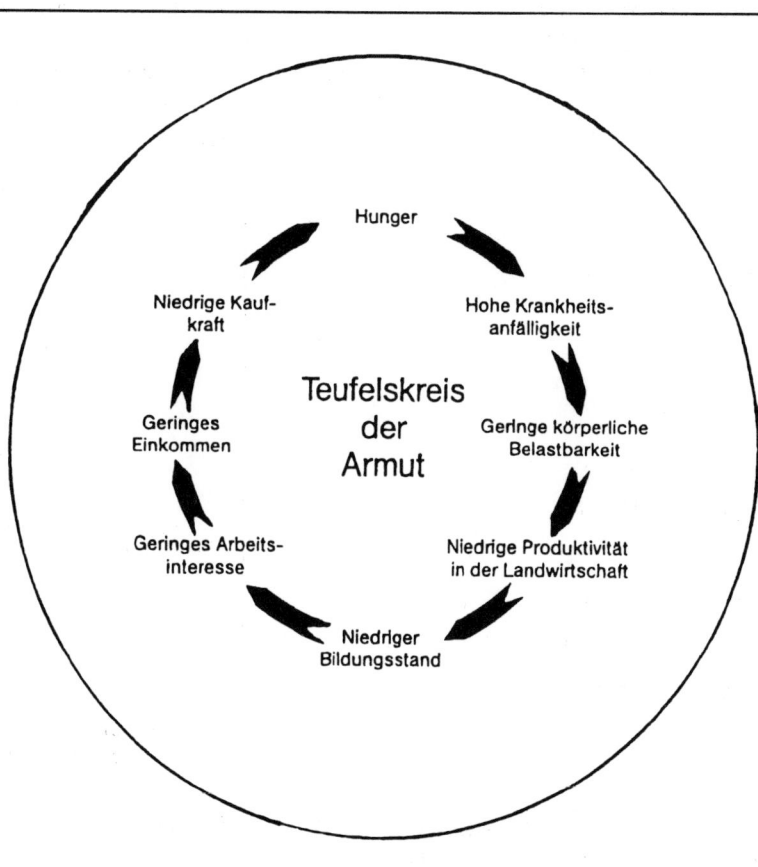

HINWEISE/NOTIZEN

Unterrichtsstufe Zielangabe	METHODE		LERNINHALTE (STOFF)	ZEIT
TZ und (TZ) Zusl.	Lehr / Lernakte	Medieneinsatz	Tafelanschrift (bzw. Folie)	

I. HINFÜHRUNG:

	AA	Folie (Kenia, Uganda, Chile, Vietnam)	L: Zeige diese EL auf der Weltkarte!
	LSG		SS: ...
	Impuls		L: Diese Länder kämpfen alle mit den gleichen Problemen!
			SS: Hunger, Arbeitslosigkeit, Bevölkerungswachstum ...
Zielangabe		TA	Der Teufelskreis der Armut

II. ERARBEITUNG:

	Impuls		L: Du kannst dir denken, was man mit diesem Begriff zum Ausdruck bringen will.
			SS: Bedingungen für das Zustandekommen der Armut
	AA/PA		L: Versuche nun, anhand des Tafelbildes den Teufelskreis der Armut herauszuarbeiten!
	stummer Impuls	TA	Zeichnung Teufelskreis (Hunger)
Auswertung an der Tafel/LSG		TA	SS: tragen ihre Meinungen vor ...
	AA	Wortkarten/ Tafel	L: Versuche nun, anhand der Begriffe den Teufelskreis der Armut detailliert darzustellen und begründe deine Meinung!
	LSG		SS: ...

III. VERTIEFUNG

| | Ges. Wdhlg. | | SS: begründen den Teufelskreis der Armut. |

IV. SICHERUNG:

| | Eintrag (ohne AB!) | | |

V. AUSWEITUNG:

	Impuls		L: Wo sollte nun deiner Meinung nach die Hilfe für solche Länder ansetzen, um diesen Teufelskreis zu durchbrechen? Schreibe auf!
	Auswertung		L: notiert auf der Tafel die Nennungen
	LSG		SS: Ansatz bei: Hunger / Niedriger Bildungsstand
	LSG	Folie	L: Eine Steigerung der Nahrungsmittelproduktion verlangt abgestimmte Maßnahmen
	SSS nehmen Stellung	Folie	Armuts-...
	Eintrag		

Die Steigerung der Nahrungsmittelproduktion in Entwicklungsländern verlangt eine breite Palette aufeinander abgestimmter Maßnahmen

BMZ

Mehr Nahrungsmittel

Aus- und Fortbildung sowie Beratung anbieten, um z. B. Grundkenntnisse in Ackerbau und Tierproduktion oder Informationen über Preis- und Marktverhältnisse zu vermitteln.

Bewirtschaftungsmethoden verbessern, z. B. durch standortgeeignete Fruchtfolgen oder eine ausgewogenere Arbeitsteilung zwischen Mann und Frau.

Vermarktungsmöglichkeiten verbessern, z. B. durch Straßen- und Wegebau sowie Unterstützung beim Aufbau von Selbsthilfeorganisationen.

Produktionssteigerungen anregen. Vorgeschriebene Niedrigpreise, erzwungene Abgabeverpflichtungen und die Konkurrenz kostenlos verteilter Nahrungsmittel behindern die mögliche Mehrproduktion.

Betriebsmittel verfügbar machen, z. B. verbessertes Saatgut, Dünge- und Pflanzenschutzmittel und angepaßte Geräte zur Bodenbearbeitung. Zur rechten Zeit in erreichbarer Entfernung.

Bodenbesitz- und Nutzungsverhältnisse verbessern, z. B. durch Maßnahmen der Bodenreform oder Veränderungen in den Pachtbedingungen.

Pflanzen- und Nachernteschutz fördern, z. B. durch geeignete und bedarfsangepaßte Lagerungsmöglichkeiten.

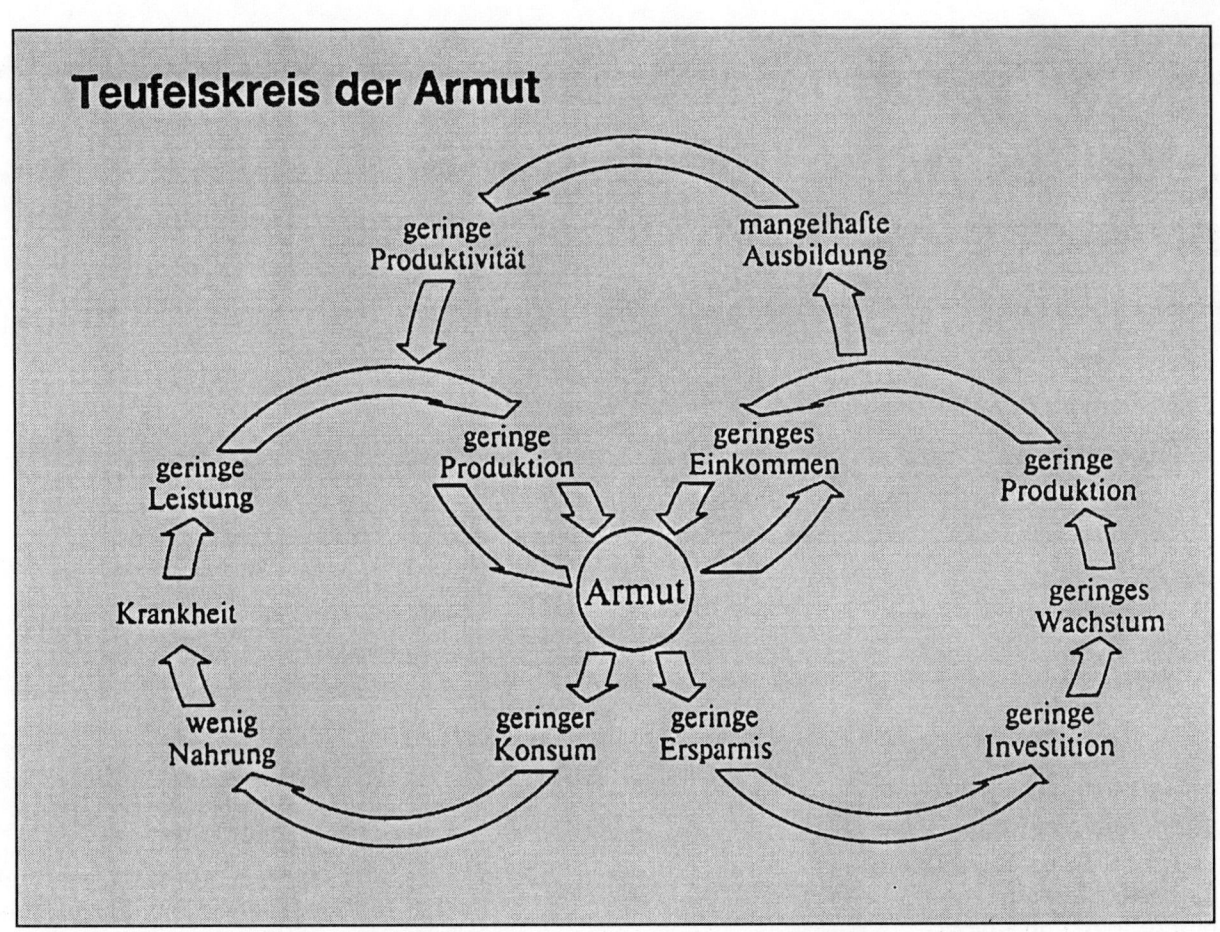

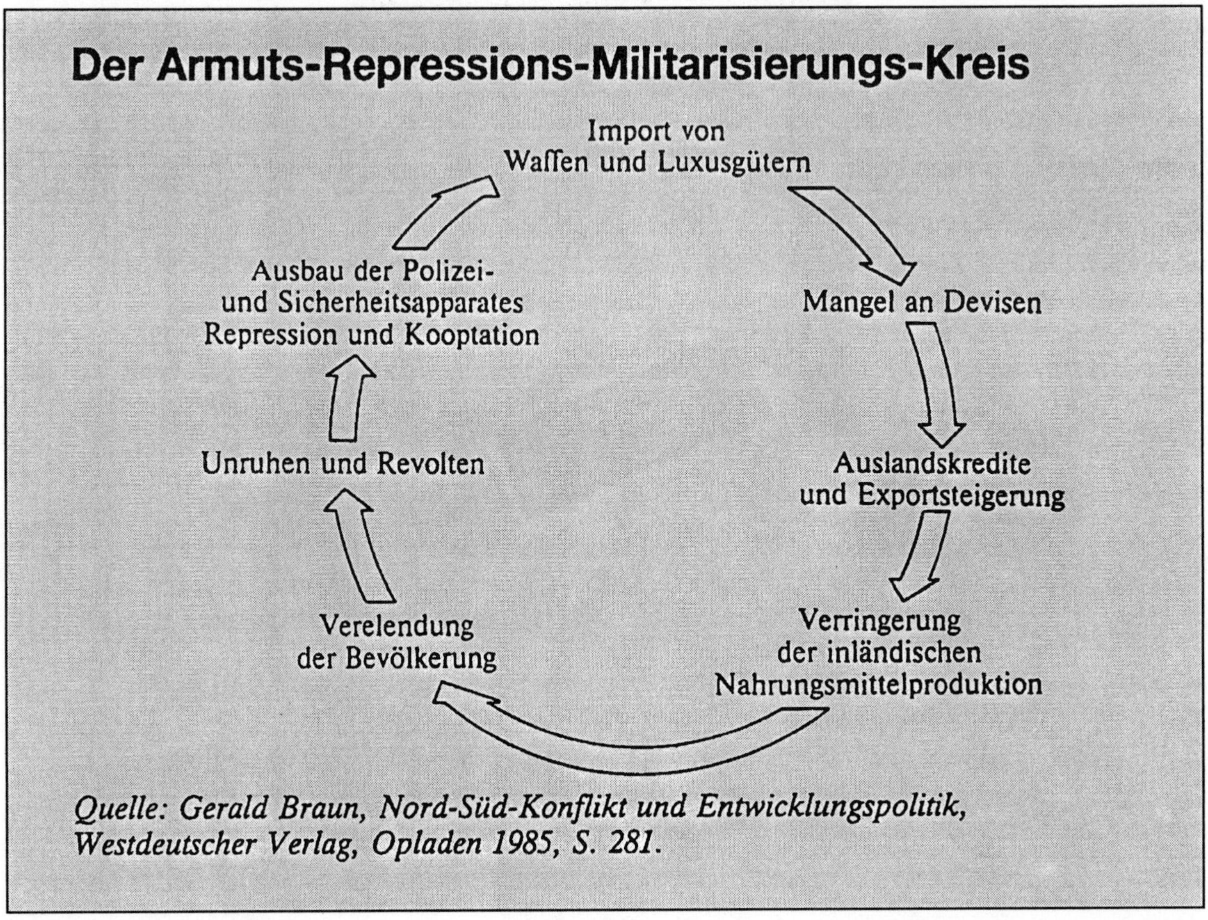

Quelle: Gerald Braun, Nord-Süd-Konflikt und Entwicklungspolitik, Westdeutscher Verlag, Opladen 1985, S. 281.

THEMA

Industriestaaten und Entwicklungsländer - ein Vergleich

LERNZIELE

1. Die Schüler sollen durch Auswerten von Statistiken und thematischen Karten ein Entwicklungsland mit einem Industriestaat vergleichen können.

2. Die Schüler sollen anhand von Beispielen aus verschiedenen Bereichen die Unterschiede zwischen einem Entwicklungsland und einem Industriestaat erkennen und erklären können.

ARBEITSMITTEL/MEDIEN

2 AB (vgl. UE: "Warum ist Brasilien ein Entwicklungsland?")
Folien
Karikatur

TAFELBILD/FOLIE

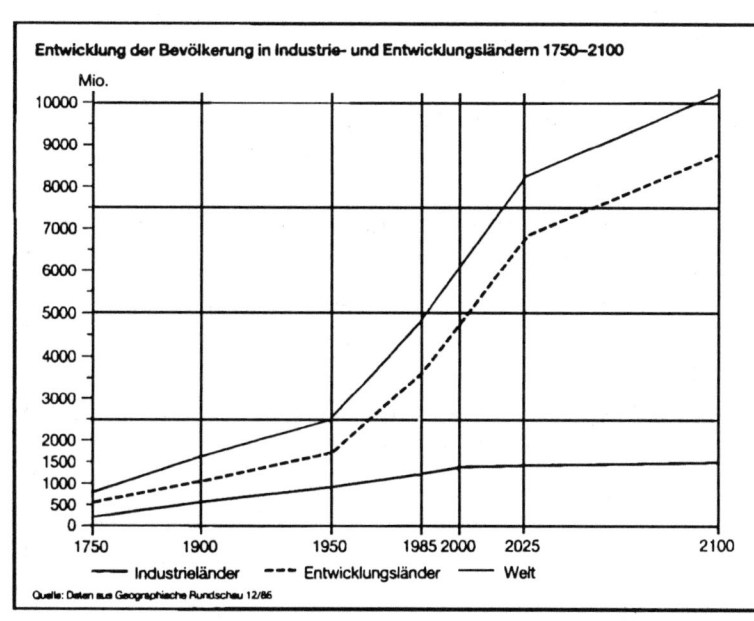
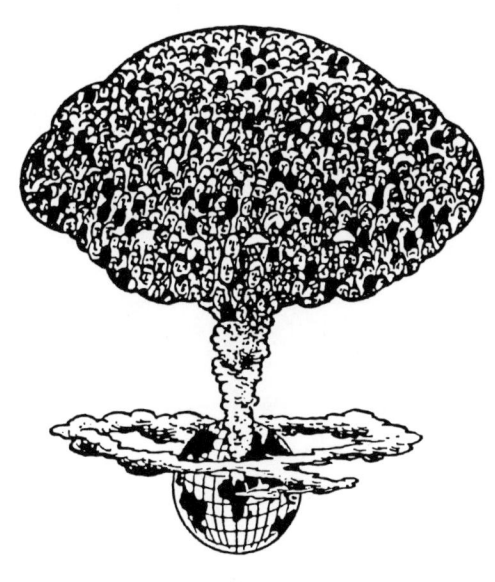

Weltbevölkerung nach Großräumen 1750–2100 (in Mio.)							
	1750	1900	1950	1985	2000	2025	2100
Industrieländer	**191**	**560**	**835**	**1181**	**1284**	**1407**	**1437**
Nordamerika	2	82	166	264	297	345	382
Entwicklungsländer	**569**	**1070**	**1681**	**3657**	**4837**	**6799**	**8748**
Afrika	100	133	224	555	872	1617	2591
Asien*	455	867	1292	2697	3419	4403	4919
Lateinamerika	14	70	165	405	546	779	1238
Welt insgesamt	**760**	**1630**	**2516**	**4837**	**6122**	**8206**	**10185**

* ohne Japan
Quelle: nach Geographische Rundschau 12/86

METHOD	LERNINHALTE (STOFF)	ZEIT
Unterrichtsstufe (Teil) Zielangabe und (Teil) Zusammenfassung Lehr / Lernakte Medieneinsatz	Tafelanschrift (bzw. Folie)	

I. HINFÜHRUNG:
 	
Anknüpfung an die vorige Stunde
 	
Impuls
 	
Impuls
 	
Z i e l a n g a b e   TA
 	
II. ERARBEITUNG:
AA/EA
 	
AB
 	
Auswertung
 	
III. VERTIEFUNG:
Ges.Wdhlg.
 	
IV. SICHERUNG:
 	
Eintrag (kein AB!)
V. AUSWEITUNG:
 	
Diskussion
	SS: beschreiben den Teufelskreis der Armut und die Möglichkeiten, ihn zu durchbrechen.
	
	L: Wir haben erkannt, daß dieser Teufelskreis nur für eine bestimmte Gruppe von Ländern zutrifft.
	
	SS: Entwicklungsländer
	
	L: Du kannst erklären, warum er nicht für uns zutrifft.
	
	SS: Günstige Klimaverhältnisse, funktionierende Industrie, ...
	
	    Industriestaaten und Entwicklungsländer - ein Vergleich
	
	L: Erkläre anhand von 2 Beispielen, wie sich IS/EL voneinander unterscheiden!
	
	SS: arbeiten an den Statistiken und Schaubildern.
	
	SS: 1. In den EL ist das Bevölkerungswachstum ca. 3 1/2 mal so groß wie in den IS.
	
	    2. Lebenserwartung IS: 74 Jahre
	                             EL: 48 Jahre
	
	    3. Die Ausgaben für die medizinische Versorgung sind in den IS 10 mal höher als in den EL.
	
	    4. Die Analphabeten bei den EL liegt bei ca. 42 %, bei den IS nur bei 1 %.
	
	    5. Das Einkommen der IS ist ca. 10 mal so hoch wie in den EL.
	
	    6. ...
	
	- Warum man viele Kinder braucht?
	- Wachstumsrate der Weltbevölkerung
	- Die Katastrophe wird noch Jahrzehnte andauern!
	
	Anmerkung: Zur Erarbeitung werden 2 Informationsblätter aus der UE "Warum ist Brasilien ein EL?" wieder verwendet. Grund: Während in der UE Brasilien in PA/GA nur kurz die Kennzeichen eines EL herausgearbeitet werden sollten, besteht die Aufgabe und die Schwierigkeit dieser UE darin, daß der Schüler in EA die Unterschiede anhand der sicher nicht einfachen Statistiken herausarbeitet und sprachlich sicher darstellt.	

ERDKUNDE

Warum man viele Kinder braucht

Es gibt gute Gründe wirtschaftlicher ebenso wie soziopolitischer Natur, eine große Familie haben zu wollen. So ist eine der dringlichsten Überlegungen dabei, sich eine Altersversicherung zu verschaffen. In die Sozialversicherung fließen in Entwicklungsländern nur 5 Prozent des Bruttosozialprodukts (in Europa sind es 15 Prozent), und zudem gilt sie größtenteils nur für den modernen Sektor. Einer umfangreichen Untersuchung in mehreren asiatischen Ländern war zu entnehmen, daß die meisten städtischen Mittelschichtfamilien sich nicht auf finanzielle Altersunterstützung durch die Kinder verlassen wollten, während jedoch 62 bis 90 Prozent der armen Familien aus Stadt und Land dies tun würden.

(...)

Kinder sind auch Arbeitskräfte. Die westliche Vorstellung von der Kindheit als einer Zeit des Spiels und der Freiheit von Verantwortung gibt es außerhalb der Eliten in den Entwicklungsländern nicht. Ein heranwachsendes Kind wird schon mit vier oder fünf Jahren zu einem Mini-Erwachsenen. Zunächst wird es mit kleineren Aufgaben betraut, zu denen man wenig Kraft oder Geschicklichkeit braucht.

(...)

Durch die tiefverwurzelten geschlechtsbedingten Ungleichheiten, die es in vielen Teilen der Dritten Welt gibt, kommt es, daß die Söhne bei der Kosten-Nutzen-Rechnung, die Ehepaare im Rahmen ihrer Familienplanung aufmachen, die Töchter bei weitem übertrumpfen. Nach der Hindu-Religion kann nur ein Sohn die Begräbnisriten für die Seele seines Vaters ausführen: Ein rechtgläubiger Mann muß einen Sohn bekommen, sonst läuft er Gefahr, in minderwertiger Form, etwa als Schlange oder Schwein, wiedergeboren zu werden. Fast in allen Kulturen sind es die Söhne, die Namen und Ruf der Familie weitertragen und die Familiengüter erben. In Asien bekommen die Söhne die Aussteuer. Männer verdienen mehr als Frauen – daher bringen Söhne mehr Geld nach Hause, bevor sie heiraten, und können besser für ihre alten Eltern sorgen. So ist es nicht weiter verwunderlich, wenn indische Bräute traditionell mit dem Wunsch begrüßt werden: „Mögest Du Mutter von acht Söhnen werden."

Denn ein Sohn reicht nicht. Solange die Kindersterblichkeit so hoch ist und noch irgendein Risiko besteht, daß man den einzigen Sohn verliert, muß man zwei Söhne haben. Bei einer Untersuchung im indischen Bundesstaat Gujarat ergab sich, daß die Ehepaare ihre Familienplanung so anlegten, daß in jedem Fall zwei Söhne zur Unterstützung der Eltern im Alter überlebten. Eine Mutter erklärte, die ideale Familie seien zwei Jungen und ein Mädchen, um jedoch sicher zu sein, daß auch zwei Söhne überlebten, konnten sie es sich nicht leisten, weniger als fünf Kinder zu haben, die über die schwierigen Jahre vor dem zehnten Lebensjahr gekommen sind.

Bei einer solchen gesellschaftlichen Lage sind Bevölkerungsprogramme meist ohne großen Erfolg geblieben. In der schon erwähnten Stadt Khanna wurde ein intensives Familienplanungs-Programm durchgeführt, das sich sowohl um die entsprechende Information als auch um die Versorgung mit Verhütungsmitteln kümmerte, die an die Haustür gebracht wurden. Die Geburtenrate sank von 40 pro 1000 im Jahre 1957 auf 35 pro 1000 im Jahr 1968, doch führten die Leiter dieses Programms das darauf zurück, daß das durchschnittliche Heiratsalter gestiegen war. Durch das Programm war praktisch niemand vom Nutzen einer kleineren Familie überzeugt worden. Alles, was man erreicht hatte, war, daß Paare, die ohnehin schon durch Enthaltsamkeit oder Coitus interruptus Geburtenkontrolle praktizierten, zu moderneren Mitteln übergingen. Mamdani fand heraus, daß viele Dorfbewohner die Pille aus Höflichkeit annahmen und sie dann wegwarfen. Eine Familie hatte mit den Schachteln sogar ein kleines Standbild gebaut. Die Leute traten den an der Ausführung des Programms Beteiligten mit zwar verhohlener, aber beträchtlicher Skepsis gegenüber. Die Leute dachten, sie wären amerikanische Spione oder Steuereintreiber. Nichts war so einfach wie die wahre Erklärung für diesen Mißerfolg: Es wurde massenhaft Geld ausgegeben, um die Leute dazu zu bringen, weniger Kinder zu kriegen, obwohl sie doch wußten, daß es besser war, mehr Kinder zu bekommen.

Paul Harrison, Hunger und Armut, rororo aktuell Nr. 4826, Reinbek 1982, S.181 f.

Die Wachstumsrate der Weltbevölkerung

Jahr	Gesamtbevölkerung	Jährl. Wachstumsrate	Verdoppelungszeit
1 Mio. v. Chr.	wenige Tausend	–	–
8000 v. Chr.	8 Millionen	0,0007%	100 000 Jahre
1	300 Millionen	0,046 %	1 500 Jahre
1750	800 Millionen	0,06 %	1 200 Jahre
1900	1 650 Millionen	0,48 %	150 Jahre
1970	3 678 Millionen	1,9 %	36 Jahre
2000	6 199 Millionen	1,7 %	41 Jahre

Quelle: UNESCO
BMZ (Hrsg.), Journalisten-Handbuch Entwicklungspolitik 1987, Bonn 1987, Seite 221.

Die Katastrophe wird noch Jahrzehnte andauern

Afrika steht wieder eine Hungersnot bevor, verursacht durch Bürgerkriege und Mißwirtschaft

Von Stefan Klein

Nairobi, 11. Januar – Wieviele sind es? Zwanzig Millionen? Dreißig Millionen? Oder gar noch mehr? Noch steht nicht genau fest, wie viele Afrikaner in diesem Jahr auf Nahrungsmittelhilfe angewiesen sein werden – sicher ist nur, daß wieder eine Hungersnot bevorsteht und daß sich die Zahl der Betroffenen nach Millionen bemessen wird. Dabei ist die letzte große Hungerkatastrophe, die allein in Äthiopien Hunderttausenden das Leben gekostet hat, erst sechs Jahre her. Damals kam es zu einer beispiellosen internationalen Hilfsaktion – und zu einem solchen groß angelegten Rettungsversuch rufen die Hilfsorganisationen auch jetzt wieder auf.

Es gibt freilich Unterschiede zwischen der Hungersnot damals und der, die sich jetzt abzeichnet. Seinerzeit war vor allem der Osten Afrikas von einer ganz massiven Dürre heimgesucht worden, diesmal ist vereinzelter Regenmangel nur ein verstärkender Faktor. Die eigentliche Hauptursache besteht in den Zerstörungen, die die Bürgerkriege angerichtet haben. Nicht zufällig stehen auf der Liste der jetzt am stärksten vom Hunger bedrohten Länder mit dem Sudan, Äthiopien, Moçambique und Angola jene vier Staaten, in denen lang anhaltende blutige Auseinandersetzungen zwischen Rebellen und Regierenden verheerende Auswirkungen gehabt haben – auf die Infrastruktur ebenso wie auf die landwirtschaftliche Produktion.

Bis auf den Sudan sind dies auch die Länder, in denen am längsten und intensivsten versucht worden ist, sozialistische Produktionsmodelle zu verwirklichen. Daß man sich in Angola und Moçambique jetzt vom Marxismus-Leninismus abgewandt und vielversprechende Versuche unternommen hat, mit den Aufständischen am Verhandlungstisch zu einer friedlichen Lösung zu kommen, hat die Perspektive einer besseren Zukunft eröffnet – nur kommt die wahrscheinlich zu spät für jene, die *jetzt* vom Hunger bedroht sind. In Angola sind das etwa zwei Millionen, in Moçambique gilt die Hälfte der rund 16 Millionen Menschen als gefährdet.

Auch Äthiopien hat sich im letzten Jahr auf Reformkurs begeben, und die Lockerung der planwirtschaftlichen Fesseln hat in der Landwirtschaft sogar schon positive Folgen gezeitigt. Doch dieser erste Fortschritt seit langem reicht bei weitem nicht, um die gewaltigen Defizite auszugleichen, die im Hochland Äthiopiens anfallen, das nicht nur Kriegs-, sondern auch ökologisches Katastrophengebiet ist. Zwischen fünf und zehn Prozent, so hat man ausgerechnet, müßte die Nahrungsmittelproduktion jedes Jahr wachsen, damit Äthiopien irgendwann vor Ende des Jahrtausends aus der Hungerzone herauskäme. Doch in den vergangenen zehn Jahren hat sie jeweils nur um 1,5 Prozent zugenommen, während die Bevölkerung genau doppelt so schnell gewachsen ist.

Dieses Mißverhältnis hat dazu geführt, daß das ganz normale, wetterunabhängige Defizit in Äthiopien ständig größer geworden ist und heute bei einer halben Million Tonnen jährlich liegt. Es ist dies das Muster, das auch für Schwarzafrika generell gilt: Um dem Zyklus immer wiederkehrender Hungersnöte zu entkommen, müßte Afrikas Nahrungsmittelerzeugung pro Jahr um vier Prozent wachsen. Tatsächlich jedoch lag die jährliche Wachstumssteigerung seit 1960 nur bei zwei Prozent, während die Bevölkerung um knapp drei Prozent im Jahr gewachsen ist.

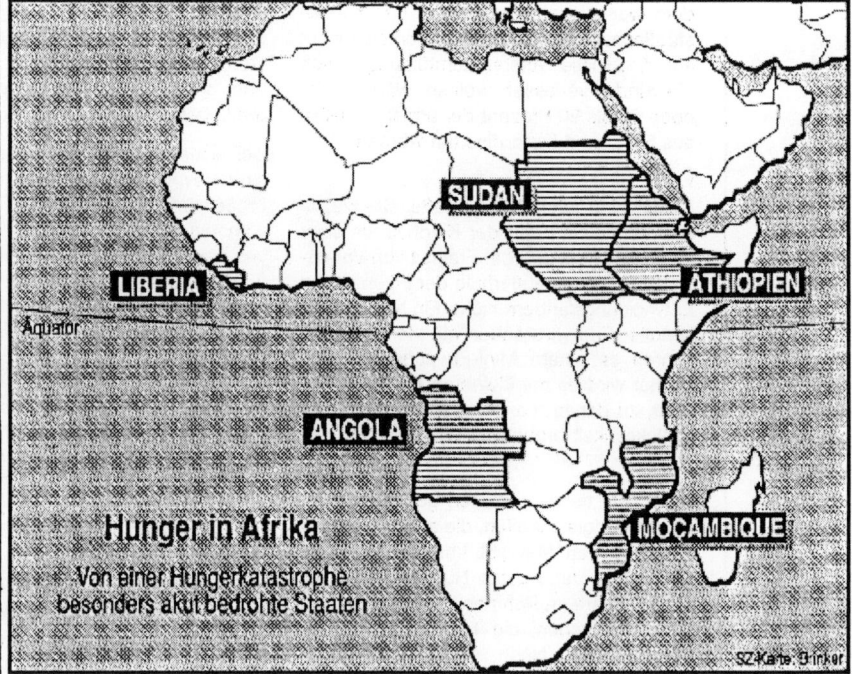

Hunger in Afrika
Von einer Hungerkatastrophe besonders akut bedrohte Staaten

Das strukturelle Defizit beträgt heute rund 10 Millionen Tonnen, aber es wird, wenn das rasante Bevölkerungswachstum anhält und die landwirtschaftliche Produktion sich nicht stärker steigert, in zehn Jahren 40 Millionen und in zwanzig Jahren sogar 115 Millionen Tonnen ausmachen. Schon jetzt, schätzt die Weltbank, ist für 100 Millionen Menschen die Ernährungslage „chronisch unsicher". Was das konkret heißt, zeigt sich jetzt wieder. Keine plötzliche Katastrophe hat Afrika befallen, die Symptome der seit langem krankenden Landwirtschaft zeigen sich nur jedes Jahr ein bißchen deutlicher.

Die Spender in Deutschland, die 1984/85 so generös Geld gegeben haben, mögen sich angesichts dieser chronischen Malaise irritiert fragen, ob eine erneute Gabe überhaupt noch Sinn macht, ob Afrikas Bedürfnisse nicht vielmehr einem Faß ohne Boden gleichkommen. Die Antwort kann nur lauten: Ja, Afrika braucht Hilfe und Spenden, und zwar dringend. Eine Spende zum jetzigen Zeitpunkt kann helfen, Menschenleben zu retten, aber das mittel- und langfristige Überleben Afrikas und seiner Menschen hängt davon ab, ob die strukturellen Ursachen der Ernährungskrise beseitigt werden. Das wiederum bedeutet, daß Afrika seine internen Konflikte lösen und darauf achten muß, daß sich aus den Explosionen in Liberia und Somalia (wo nun ebenfalls Hunger und Not herrschen) kein Steppenbrand entwickelt. Des weiteren müssen die wirtschaftlichen Reformen vorangetrieben und die Maßnahmen zur Eindämmung des Bevölkerungswachstums verstärkt werden. Da mag der Vatikan sagen, was er will – mit *humanae vitae* hat es nichts mehr zu tun, wenn sich, was bei dem augenblicklichen Trend unvermeidlich ist, Afrikas Bevölkerung bis zum Jahr 2010 verdoppelt.

Die Länder Osteuropas mögen Westeuropa näher sein, aber deswegen darf sich die alte Welt ihren entwicklungspolitischen Verpflichtungen Afrika gegenüber nicht einfach entziehen. Es gibt eine moralische Verantwortung, es gibt aber auch, und das ist vielleicht noch am ehesten begreiflich zu machen, ein ganz massives Eigeninteresse, denn ein totaler Kollaps dieses Kontinents hätte Erschütterungen zur Folge, die bis weit nach Europa hineinreichen würden.

THEMA

Abhängigkeit von Entwicklungsländern und Industriestaaten (Doppelstunde)

LERNZIELE

Die Schüler sollen

- erkennen, daß EL und IS voneinander abhängig sind.
- diese Tatsache anhand von Statistiken und Schaubildern belegen können.
- die große Bedeutung des Handels mit den EL für die Bundesrepublik Deutschland kennenlernen.

ARBEITSMITTEL/MEDIEN

Folie (Karikatur)
2 Informationsblätter
1 Arbeitsblatt mit Lösung

TAFELBILD/FOLIE

Lit.: Entwicklungspolitik. Durch Partnerschaft Probleme lösen, BMZ, S. 3

HINWEISE/NOTIZEN

METHODE	LERNINHALTE (STOFF)	ZEIT
Unterrichtsstufe / (Teil) Zielangabe und (Teil) Zusammenfassung / Lehr/Lernakte / Medieneinsatz	Tafelanschrift (bzw. Folie)	
I. HINFÜHRUNG: stummer Impuls	L: zeigt Karikatur SS: EL und IS sind voneinander abhängig	
Zielangabe — TA	Abhängigkeit von EL und IS	
II. ERARBEITUNG: AA/PA/GA	1. Erkläre, warum die IS von den EL abhängig sind! 2. Erkläre, warum die EL von den IS abhängig sind! SS: ...	
Auswertung — TA	1. Die IS erhalten von den EL Rohstoffe, ohne die sie nicht wirtschaften können. Die EL bieten Absatzmärkte für Waren, die in den IS erzeugt werden. 2. Die EL sind auf materielle Hilfe der IS angewiesen, um ihre Wirtschaft aufbauen zu können. Besonders wichtig ist dabei die technische Hilfe (know-how). Die IS bieten Absatzmärkte für Waren, die in den EL erzeugt werden.	
III. VERTIEFUNG: Ges.Wdhlg. — Informationsblätter 1/2	SS: kommentieren die Schaubilder und Statistiken	
IV. SICHERUNG: Eintrag AB		
V. AUSWEITUNG: Impuls — Folie (Handel)	L: Vor allem für die Bundesrepublik ist der Handel mit den EL von entscheidender Bedeutung! SS: Viele Arbeitsplätze sind vom Export abhängig ... L: Beschreibe die Bedeutung der EL für unsere Energieversorgung! SS: Der größte Teil des Erdölvorkommens liegt in EL, während nur 5 % des Energieverbrauchs mit Erdöl aus der BRD stammt.	

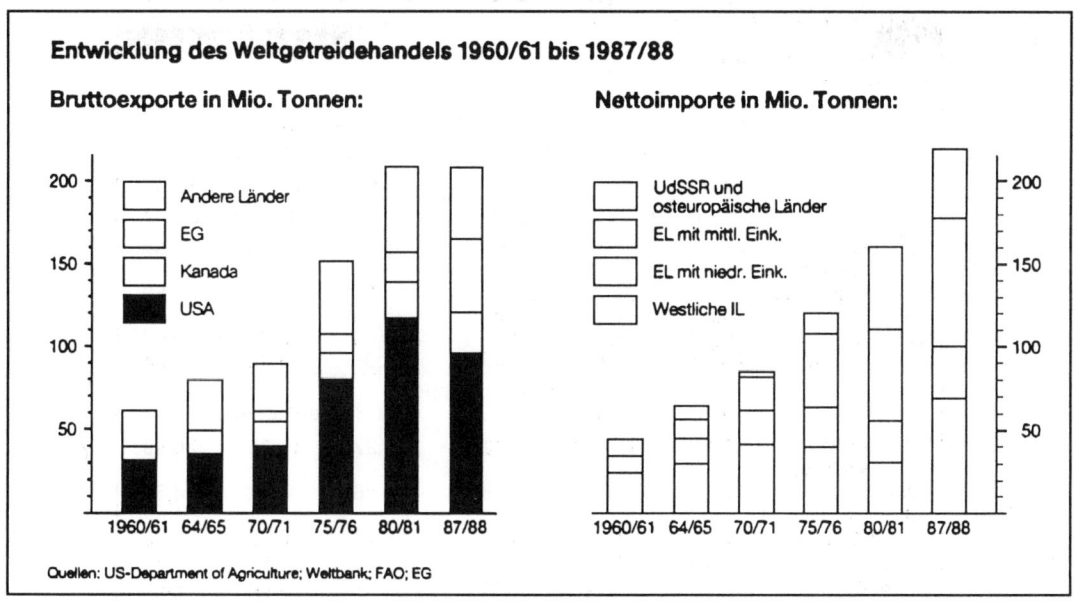

Entwicklung des Welthandels 1960/61 bis 1987/88

Bruttoexporte in Mio. Tonnen: / Nettoimporte in Mio. Tonnen:

Quellen: US-Department of Agriculture; Weltbank; FAO; EG

Getreideimporte der Entwicklungsländer und Nahrungsmittelhilfe 1974 und 1988

	Getreideimporte in 1000 t		Empfangene Nahrungsmittelhilfe in 1000 t	
	1974	1988	1974/75	1987/88
EL insgesamt	**65686**	**109994**	**7928**	**12891**
EL mit niedrigem Einkommen	22757	32469	6002	6977
darunter:				
Bangladesch	1866	3010	2076	1397
Indien	5261	2985	1582	223
VR China	6033	15517	0	347
Äthiopien	118	1157	54	825
EL mit mittlerem Einkommen	42929	77525	1925	5915
darunter:				
Ägypten	3877	8479	610	1738
Brasilien	2485	1387	31	21
Rep. Korea	2679	9369	234	0*
Kongo	34	113	2	1
Ölexportierende EL	18105	45171	1038	2155
Hochverschuldete EL	16496	21242	664	2134
Afrika südl. der Sahara	4108	8214	910	3583

* 1984/85
Quelle: Weltentwicklungsbericht 1990

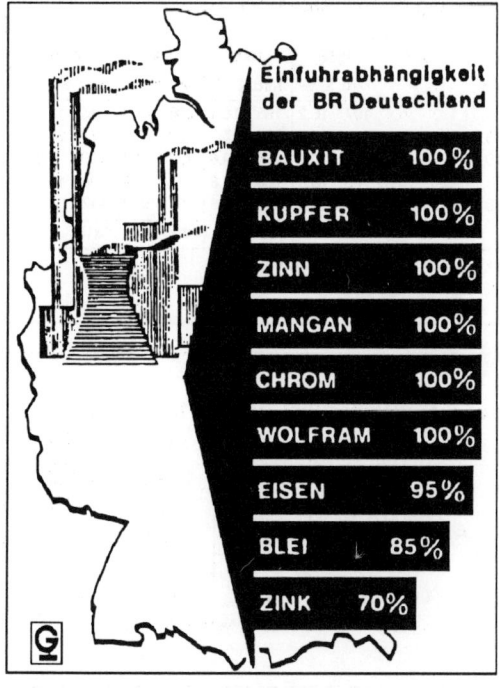

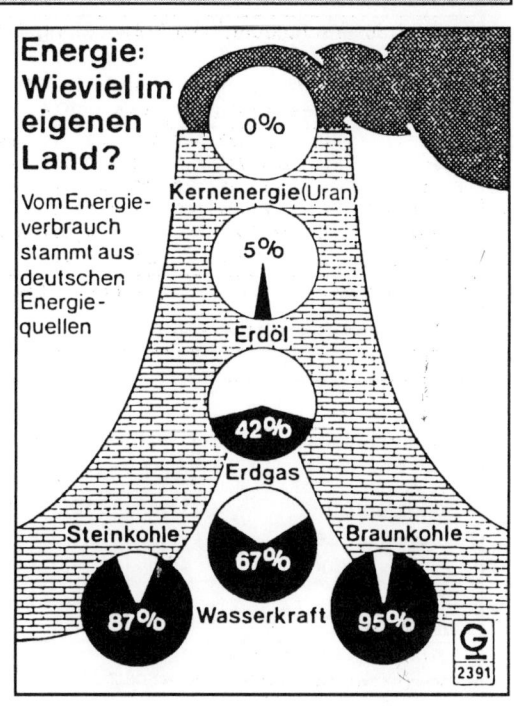

Handel ist die größte Hilfe

Die Finanzströme zwischen der Bundesrepublik Deutschland und Entwicklungsländern[1]) (in Mrd. DM)

	Zahlungen der BR Deutschland an Entw.-Länder			Einnahmen der BR Deutschland aus Entw.-Ländern		
	1987	1988	1989	1987	1988	1989
	Einfuhren aus Entw.-Ländern			Ausfuhren in Entw.-Länder		
Insgesamt	49,17	54,68	62,91	55,19	57,04	63,95
nach Regionen:						
Asien/Ozeanien	24,61	28,88	33,77	25,68	27,29	30,59
Afrika	4,96	4,69	5,21	5,80	6,02	6,52
Amerika	9,02	10,98	12,44	9,64	8,04	10,60
OPEC-Länder	10,58	10,13	11,48	14,07	15,33	16,24
	Dienstleistungen					
	der Entw.-Länder			der BR Deutschland		
Insgesamt	22,10	21,60	21,92	18,27	18,65	20,99
nach Regionen:						
OPEC	6,52	5,72	5,36	5,26	4,66	4,51
ohne OPEC:						
Asien/Ozeanien	7,99	8,36	9,48	5,78	6,07	7,40
Afrika	3,10	3,10	3,50	1,76	1,90	1,86
Amerika	4,50	4,43	3,58	5,47	6,02	7,22
nach Sektoren:						
Kreditzinsen	5,51	5,47	4,07	4,63	5,36	5,70
sonstige Kapitalerträge	2,02	2,02	2,24	2,01	2,55	3,50
Reiseverkehr	3,50	3,73	4,09	0,81	0,91	1,03
Transportleistung	3,51	2,98	3,50	3,64	3,80	4,32
Bauleistungen und Montage	1,36	1,12	1,10	3,72	2,71	2,56
Sonstige	6,20	6,28	6,92	3,43	3,32	3,88
	Langfristige Kapitalanlagen[2])					
	der BR Deutschland in Entw.-Ländern			der Entw.-Länder in der BR Deutschland		
Neuanlagen:						
Insgesamt	37,53	39,27	32,39	56,56	42,37	46,70
davon: Kredite	13,61	14,73	16,55	15,41	8,17	8,63
Wirtschaftsbeziehungen insgesamt	108,80	115,55	117,22	130,02	118,06	131,64
Dagegen: Öffentl. und private Leistungen der Entwicklungshilfe[3])						
Insgesamt	10,7	11,8	12,5			

1) ohne europäische Entwicklungsländer
2) brutto, also ohne Berücksichtigung von Rückflüssen
3) bilateral und multilateral; netto, also nach Abzug von Rückflüssen

Quellen: Deutsche Bundesbank, Zahlungsbilanzstatistik Juli 1990; BMZ

Auslandsverschuldung[1]) der Entwicklungsländer nach Regionen 1982–1991

	1982		1983		1984		1985		1986		1987		1988		1989		1990[2])		1991[3])	
	Mrd.$	%	Mrd.$	%	Mrd.$	%	Mrd.$	%	Mrd.$	%	Mrd.$	%	Mrd.$	%	Mrd.$	%	Mrd.$	%	Mrd.$	%
Afrika	122	14,6	130	14,7	132	14,3	145	14,5	168	15,3	193	15,9	197	16,2	195	16,1	206	16,3	215	16,4
Asien	187	22,4	207	23,3	223	24,0	252	25,3	285	26,0	316	26,1	332	27,3	336	27,7	353	27,9	371	28,3
Europa	82	9,8	82	9,2	83	9,0	96	9,6	110	10,0	127	10,5	122	10,0	116	9,6	123	9,7	130	9,9
Naher Osten[4])	114	13,6	124	14,0	129	13,9	137	13,7	148	13,5	160	13,2	165	13,6	168	13,8	176	13,9	180	13,7
Lateinamerika[5])	331	39,6	344	38,8	359	38,8	368	36,9	384	35,1	416	34,3	401	32,9	399	32,9	407	32,2	417	31,8
Alle E.-Länder	836		887		926		998		1095		1212		1217		1214		1265		1313	

[1]) Ohne IWF-Kredite [2]) Schätzung [3]) Voraussage [4]) Einschl. Libyen und Ägypten [5]) Einschl. Karibik

Quelle: IWF, World Economic Outlook, Mai 1990

Schuldendienst der Dritten Welt und öffentliche Entwicklungshilfe 1982–1989 (in Mrd. US-$)

	1982	1983	1984	1985	1986	1987	1988	1989
Schuldendienst[1])	117,6	110,7	119,2	136,3	141,2	147,2	160,3	163,0
darunter: Zinsen[2])	47,9	46,8	52,9	54,2	52,5	53,5	60,3	66,2
Tilgung[2])	48,3	44,0	47,3	52,9	59,4	68,8	72,4	71,2
öffentl. Entwicklungshilfe[3])	27,8	27,6	28,7	29,4	37,1	41,5	48,1	46,5

[1]) Für kurzfristige und langfristige Schulden und IWF-Kredite [2]) Nur für langfristige Schulden ohne IWF-Kredite [3]) Nettoauszahlungen

Quellen: Weltbank, World Debt Tables 1989–90; OECD

ERDKUNDE

NAME: _____ KLASSE: _____ DATUM: _____ NR.: ____

Entwicklungsländer und Industriestaaten sind voneinander abhängig

1. <u>Die Industriestaaten sind von den Entwicklungsländern abhängig</u>

_____
_____
_____
_____
_____
_____
_____
_____
_____

„Ist dir klar, daß ich dich in der Hand habe?"

2. <u>Die Entwicklungsländer sind von den Industriestaaten abhängig</u>

Ein- und Ausfuhr 1989
Warenverkehr der Bundesrepublik Deutschland mit Ländern außerhalb der Europäischen Gemeinschaft (in Mrd. DM)

Einfuhr
insgesamt 247,8 Mrd. DM, davon:

73,8	29,8% aus Entwicklungsländern
12,2	4,9% aus Afrika
15,5	6,3% aus Lateinamerika
33,7	13,6% aus Asien
0,9	0,3% aus Ozeanien
11,5	4,6% aus Europa*

*Türkei, Jugoslawien, Malta, Zypern

Ausfuhr
insgesamt 288,4 Mrd. DM, davon:

74,3	25,8% in Entwicklungsländer
10,9	3,8% nach Afrika
11,6	4,0% nach Lateinamerika
39,1	13,6% nach Asien
0,1	0,04% nach Ozeanien
12,6	4,4% nach Europa

Quelle: Statistisches Bundesamt

_____
_____
_____
_____
_____

© pb-verlag puchheim

ERDKUNDE

NAME: _____ KLASSE: _____ DATUM: _____ NR.: ____

Entwicklungsländer und Industriestaaten sind voneinander abhängig

„Ist dir klar, daß ich dich in der Hand habe?"

1. <u>Die Industriestaaten sind von den Entwicklungsländern abhängig</u>

Die Industriestaaten erhalten von den Entwicklungsländern Rohstoffe, ohne die sie nicht wirtschaften können. Die Entwicklungsländer wiederum bieten Absatzmärkte für Waren, die in den Industriestaaten erzeugt werden.

2. <u>Die Entwicklungsländer sind von den Industriestaaten abhängig</u>

Ein- und Ausfuhr 1989
Warenverkehr der Bundesrepublik Deutschland mit Ländern außerhalb der Europäischen Gemeinschaft (in Mrd. DM)

Einfuhr
insgesamt 247,8 Mrd. DM, davon:

73,8	29,8% aus Entwicklungsländern
12,2	4,9% aus Afrika
15,5	6,3% aus Lateinamerika
33,7	13,6% aus Asien
0,9	0,3% aus Ozeanien
11,5	4,6% aus Europa*

*Türkei, Jugoslawien, Malta, Zypern

Ausfuhr
insgesamt 288,4 Mrd. DM, davon:

74,3	25,8% in Entwicklungsländer
10,9	3,8% nach Afrika
11,6	4,0% nach Lateinamerika
39,1	13,6% nach Asien
0,1	0,04% nach Ozeanien
12,6	4,4% nach Europa

Quelle: Statistisches Bundesamt

Die Entwicklungsländer sind auf materielle Hilfe der Industriestaaten angewiesen, um ihre Wirtschaft aufbauen zu können. Besonders wichtig ist dabei die technische Hilfe (das sog. "know-how").

Die Industriestaaten wiederum bieten Absatzmärkte für Waren, die in den Entwicklungsländern erzeugt werden.

© pb-verlag puchheim

THEMA

Möglichkeiten der Entwicklungshilfe (Doppelstunde)

LERNZIELE

1. Die Schüler sollen aus der Informationsbroschüre des Bundesministeriums für wirtschaftliche Zusammenarbeit (BMZ) Möglichkeiten der Entwicklungshilfe zusammenstellen.

2. Die Schüler sollen auf der Weltkarte die Einsatzschwerpunkte der Entwicklungspolitik herausfinden.

ARBEITSMITTEL/MEDIEN

3 Info-Blätter (Möglichkeiten der Entwicklungshilfe), TB,
Alternative: Reihe Bürgerinformationen: Entwicklungshilfe trägt Früchte,
Folie (So wird ein Entwicklungsprojekt vorbereitet), Folie (Entw.hilfe in einzelnen Ländern), Karte

3 Folien

TAFELBILD/FOLIE

Wie können die Industriestaaten den Entwicklungsländern helfen?

1. *friedliche Konfliktlösung*
2. *Hunger bekämpfen*
3. *Rohstoffe sichern*
4. *Klima beachten*
5. *Absatzmärkte entwickeln*
6. *Überbevölkerung in den Griff bekommen.*

„Ehrlich, du glaubst gar nicht, wie du uns leid tust!"

METHODE	LERNINHALTE (STOFF)	ZEIT
Unterrichtsstufe (Teil) Zielangabe und (Teil) Zusammenfassung Lehr/Lernakte Medieneinsatz	Tafelanschrift (bzw. Folie)	
I. HINFÜHRUNG: Anknüpfung an die vorige Stunde Impuls	L: Wir haben erkannt, daß EL und IS voneinander abhängig sind. SS: EL bieten Rohstoffe, IS bieten materielle Hilfe ...	
Impuls	L: Die EL sind aber nicht in der Lage, ihre Situation selbst zu verbessern.	
Zielangabe	SS: ⌐Wie können die IS den EL helfen?⌐	
II. ERARBEITUNG: AA/ATGA Info-Blätter bzw. BMZ: Entwicklungshilfe trägt Früchte Auswertung	L: Erläutere ein Beispiel der Entwicklungshilfemöglichkeiten! SS: ... SS: 1. friedliche Konfliktlösung 2. Hunger bekämpfen 3. Rohstoffe sichern 4. Klima beachten 5. Absatzmärkte entwickeln 6. Überbevölkerung in den Griff bekommen.	
III. VERTIEFUNG: Impuls Folie (EH in einzelnen Ländern) Weltkarte	L: Hier sind Beispiele aufgeführt, wo die Einsatzschwerpunkte liegen. SS: suchen die Länder auf der Weltkarte.	
IV. AUSWEITUNG: Impuls TB	L: Häufig hört man in Diskussionen über Entwicklungshilfe solche Meinungen! "Entwicklungshilfe - da wird doch nur Geld verschenkt und keiner weiß, was damit gemacht wird." SS: ...	
Impuls	L: Vielleicht könnt ihr euch vorstellen, in welchem Fall EH einem Land gewährt wird. SS: ...	
Folie Folie Folie Diskussion	(So wird ein . . .) L: Entwicklungshilfe - wohin? L: Meinungsumfragen	

| ERDKUNDE | NAME: | KLASSE: | DATUM: | NR.: |

Die Bekämpfung der Massenarmut – vorrangige Aufgabe der deutschen Entwicklungspolitik – zielt u. a. auf folgende Bereiche ab:

BMZ

Lit.: Entwicklungspolitik. Im Schaubild. BMZ

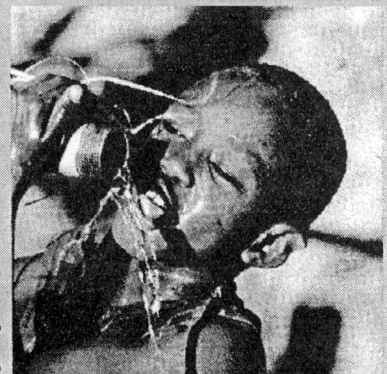

Grundbedürfnis sauberes Trinkwasser

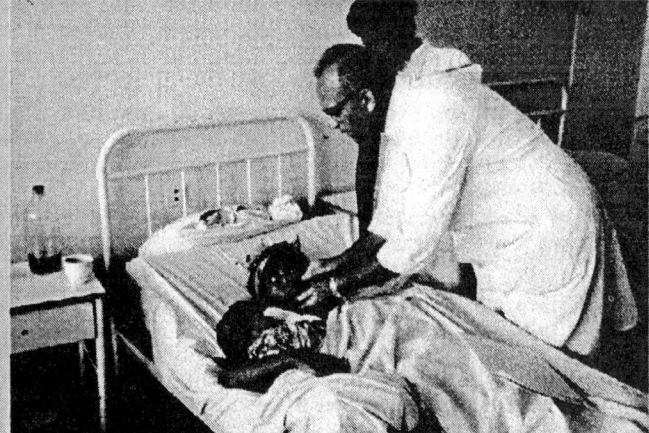

Grundbedürfnis Bildung

Grundbedürfnis Gesundheit

Grundbedürfnis Wohnung

Grundbedürfnis Nahrung

Fotos
Bild zu Grundbedürfnis sauberes Trinkwasser: Brunnen im Turkana-Land Kenias
Bild zu Grundbedürfnis Bildung: Kinder in einer Grundschule auf den Malediven
Bild zu Grundbedürfnis Gesundheit: Hospital Bahar Dar in Äthiopien
Bild zu Grundbedürfnis Wohnung: Lehmziegelhaus im Bamileke-Land Kameruns
Bild zu Grundbedürfnis Nahrung: Weizenernte in Kaschmir/Indien

© pb-verlag puchheim

Helfen wir der anderen Hälfte der Welt, damit sie sich morgen selbst versorgen kann. Denn bei der Zukunft des Südens geht's ums Ganze.

Hunger! Das ist die grausame Wirklichkeit für 800 Millionen Menschen. Die meisten Menschen in der Dritten Welt haben kaum eine Chance, aus eigener Kraft aus dem Elend herauszukommen. Weil sie in einem Teufelskreis gefangen sind: sie werden arm geboren, können nicht lernen und finden keine Arbeit. Sie verdienen nichts. Es fehlt darum an Nahrung, Wohnung, Kleidung. Viele werden krank, sterben. Wie ist das Problem zu lösen? Mit kostenlosen Getreidelieferungen von Europa in die Dritte Welt ist es nicht getan.

Die Weltgetreideproduktion ist bereits an Grenzen angelangt. Die Nachfrage steigt und damit auch die Preise am Weltmarkt. So müssen viele Entwicklungsländer heute bereits mehr Geld für Nahrungsmitteleinkäufe ausgeben als sie z. B. an Entwicklungshilfe erhalten.

Für dringend notwendige Investitionen fehlen die Mittel – Mittel, die helfen könnten, z. B. eine funktionierende Landwirtschaft aufzubauen. Damit sich die Menschen dort selbst ernähren können.

Helfen wir ihnen heute, diesen Teufelskreis zu durchbrechen, damit wir in ihnen morgen Partner haben – keine Almosenempfänger.

Helfen wir der anderen Hälfte der Welt, ihre Probleme friedlich zu lösen, denn ihre begrenzten Konflikte von heute können morgen schon grenzenlos sein.

Konflikte in der Dritten Welt sind für alle eine Bedrohung. Auch für uns. Weil Spannungen sich nicht begrenzen lassen. Aufbrechende Konflikte können uns empfindlich treffen. Und zwar direkt: Im Nahostkrieg 1973 wurde der Ölhahn nur ein wenig zugedreht – und schon war unsere Wirtschaft an einem Lebensnerv getroffen. Unsere Existenzgrundlage geriet ins Wanken.

Unterentwicklung bringt Unruhe. Mehr als zwei Drittel der Weltbevölkerung leben in den Entwicklungsländern. Vom Welteinkommen haben sie aber nur ein knappes Fünftel. Das schafft soziale Spannungen. Und diese erzeugen politische Unruhe. In der Dritten Welt leben Millionen in Elend und Verzweiflung, bei uns herrscht Überfluß.

Die Lösung für die Probleme zwischen reich und arm, zwischen Nord und Süd heißt: partnerschaftliche Zusammenarbeit. Partnerschaft bedeutet, die Unterschiede abzubauen. Wir tragen durch unsere Hilfe an die Dritte Welt dazu bei, Konflikte zu verringern und die Bereiche zu erweitern, in denen Probleme gelöst werden können – ohne Gewalt. Durch friedliches Miteinander.

Helfen wir der anderen Hälfte der Welt, damit Wüsten nicht weiter wachsen und das Klima zerstören. Denn das Klima der Erde ist unteilbar.

Alle Klimazonen der Erde hängen voneinander ab. Deshalb können Klimaschwankungen in einem Gebiet verheerende Folgen für weit entfernte Regionen haben. Raubbau an der Natur kann das Klima der ganzen Erde verändern.

Deshalb ist es nicht nur für die Ernährung der Menschen wichtig, das Wachstum der Wüsten zu stoppen. Ein Beispiel, wie das mit Hilfe deutscher Entwicklungspolitik gelungen ist:

In Iférouane, der letzten noch bewohnbaren Siedlung am Rand der Sahara, lebten Tuareg. Sie bauten Gemüse, Kartoffeln, Tomaten, Zwiebeln an. Auf den kargen Weiden: Rinder, Ziegen, Kamele. Doch dann kam die große Dürre. Sieben Jahre lang fiel kaum Regen. Die Brunnen versiegten, Tiere verendeten. Menschen lebten in Lagern.

Internationale Hilfe kam. Wichtig war: die Menschen wieder seßhaft machen. Problem: Der Grundwasserspiegel war auf 20 Meter Tiefe gesunken. Es regnete zwar mehrmals im Jahr. Aber die Flut aus den Bergen floß vorbei, versickerte.

Mit Entwicklungshilfe der Bundesregierung wurde ein Projekt gestartet: Bau von Dämmen, um das Regenwasser zu sammeln. Tausend Männer aus den Lagern fanden in Iférouane Arbeit. Sie erhalten Geld und Lebensmittel und sichern ihre Zukunft. Der Grundwasserspiegel steigt. Es wachsen wieder Pflanzen. Und die Tuareg können wieder Vieh weiden lassen. Mehr Menschen werden sich hier ansiedeln. Der Wüste wurde ein schon fast verschlungenes Gebiet wieder abgetrotzt. Allein hätten das die Tuareg nicht geschafft. Die Hilfe lohnt sich. Auch in anderen gefährdeten Zonen. Damit aus der verdorrten Erde wieder fruchtbares Land wird.

Helfen wir der anderen Hälfte der Welt, ihren Rohstoffreichtum zu nutzen. Damit sich aus einseitiger Abhängigkeit wirtschaftliche Vielseitigkeit entwickeln kann.

Als drittgrößter Rohstoffverbraucher haben wir so gut wie keine eigenen Rohstoffe. Die Bundesrepublik Deutschland ist von Einfuhren abhängig wie kaum ein anderes Land der Welt. Die USA und die Sowjetunion haben große Rohstoffvorkommen. Beide könnten ihre Wirtschaft allein in Schwung halten. Wir haben Kohle. Das allein reicht nicht.

Wenn von außen nichts kommt, ist unsere Produktion lahmgelegt. Das bedeutet: Der Lebensstandard der Bevölkerung sinkt. Wenn die Ölländer den Hahn zudrehen, fehlt uns Energie. Wenn aus Brasilien und Liberia kein Eisenerz kommt: keine Autos bei uns. Und wie sollten wir weiter Elektromotoren bauen, wenn aus Sambia kein Kupfer kommt?

So arbeiten wir mit vielen Ländern der Welt zusammen. Ein Viertel aller Rohstoffe erhalten wir aus Entwicklungsländern. Sie erhalten von uns Kapital und technisches Wissen.

Aber wie lange funktioniert dieser Austausch noch? Die Rohstoffe der Welt sind nicht unerschöpflich. Auch die rohstoffexportierenden Entwicklungsländer wissen das. Sie müssen sich heute in eine Zukunft entwickeln, die sie aus der einseitigen Abhängigkeit von ihren Rohstoffen hinausführt. Sie müssen eine Wirtschaft aufbauen, die auf mehreren Füßen steht.

Helfen wir der anderen Hälfte der Welt, ihre Überbevölkerungsprobleme zu lösen. Denn unsere Erde ist nicht unbegrenzt belastbar.

Eine Lawine rollt auf die Menschheit zu. Eine Lawine von Menschenmassen. In 20 Jahren wird sich die Weltbevölkerung nahezu verdoppelt haben: heute vier Milliarden, im Jahr 2000 über sechs Milliarden. Sie alle werden Nahrung, Kleidung, ein Dach über dem Kopf brauchen. Wird die Welt das schaffen?

Eine Chance besteht. Ein Ansatz ist die Familienplanung. Erste Erfolge zeigen sich in Asien, dem dichtestbesiedelten Erdteil. Ohne Familienplanung gäbe es dort heute fast 100 Millionen Menschen mehr.

Aber Geburtenkontrolle allein hilft nicht. Kinder sind für viele in der Dritten Welt die einzige Alterssicherung. Häufig müssen sie arbeiten, um zum Unterhalt der ganzen Familie beizutragen. Für arme Menschen sind Kinder der einzige Reichtum und die einzige Chance, im Alter überleben zu können. Also kann man kaum erwarten, daß weniger Kinder geboren werden.

Die Erfahrung hat gezeigt: je höher der Lebensstandard, desto weniger Kinder. Wirtschaftliche und soziale Sicherheit – also gute Zukunftschancen – sind die Grundlage dafür, sein Leben und damit auch die Kinderzahl zu planen. Wir helfen den Ländern der Dritten Welt, den Weg des wirtschaftlichen und sozialen Fortschritts zu gehen. Entwicklungshilfe – damit wir alle eine Zukunft haben.

Helfen wir der anderen Hälfte der Welt, ihre Märkte zu entwickeln. Damit auch ihre Märkte zu starken Partnern auf dem Weltmarkt werden.

Entwicklungshilfe sichert zehntausende von Arbeitsplätzen bei uns. Viele Betriebe könnten ohne sie nicht leben. Über eine Million Arbeitsplätze hängen von Aufträgen aus Entwicklungsländern ab. Deshalb sind unsere Beziehungen zur Dritten Welt für unsere Wirtschaft und für den Wohlstand der Bundesbürger immer wichtiger geworden.

Gleichzeitig bringen diese Beziehungen den Vorteil, daß wir im Export nicht nur auf die Industrieländer angewiesen sind: weder auf die westlichen noch auf die östlichen. Es lohnt sich für uns, auf die Bedürfnisse der Entwicklungsländer einzugehen. Auf dem deutschen Markt würden wir es sofort spüren, wenn ihre Kaufkraft nachließe. Die Entwicklungsländer müssen starke Partner werden. Dafür arbeiten wir mit einer vernünftigen Entwicklungspolitik. Das heißt: Zusammenarbeit auf vielen Gebieten.

Was für den Handel gilt, das gilt auch für die Entwicklungshilfe. Durch sie wird die Dritte Welt stärker. Und das stärkt auch uns. Weil zwei Drittel von dem, was wir den Entwicklungsländern geben, in Form von Aufträgen zurückkommt. Also auch zu unserem Vorteil. Entwicklungshilfe bringt Aufträge. Aufträge bedeuten Arbeitsplätze. Bei uns und in der Dritten Welt.

So wird ein Entwicklungsprojekt vorbereitet und durchgeführt.

Dieses stark vereinfachte Schema zeigt die wichtigsten administrativen Schritte von der Formulierung eines Projekts bis zu seiner Durchführung und der Prüfung seines Erfolges.

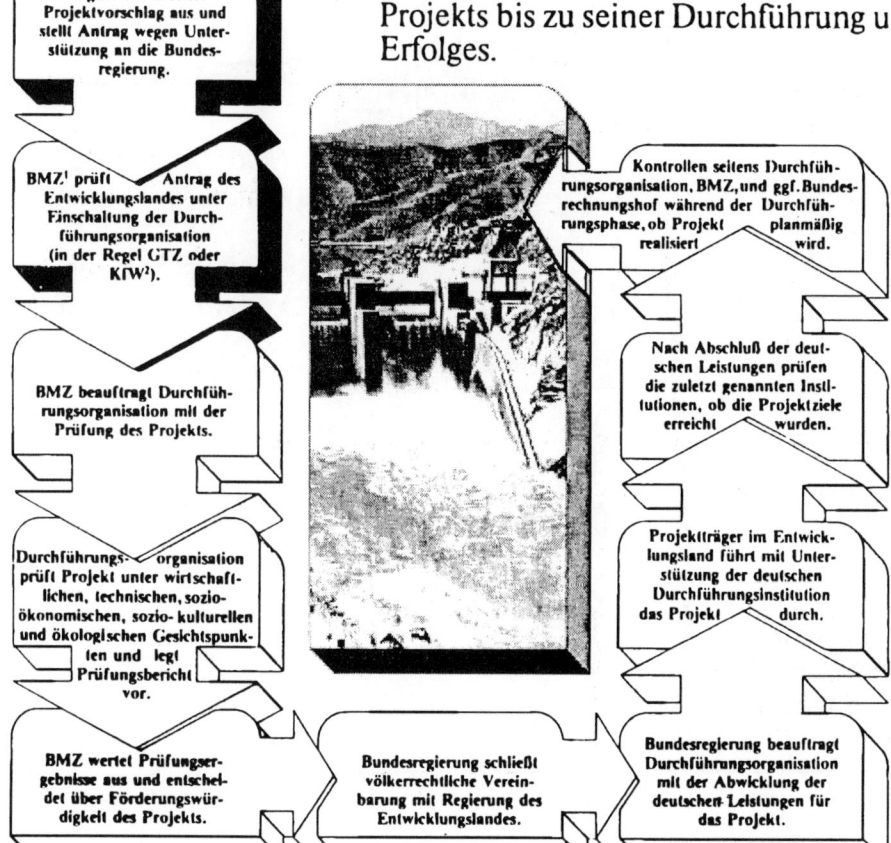

Regierung des Entwicklungslandes arbeitet Projektvorschlag aus und stellt Antrag wegen Unterstützung an die Bundesregierung.

BMZ¹ prüft Antrag des Entwicklungslandes unter Einschaltung der Durchführungsorganisation (in der Regel GTZ oder KfW²).

BMZ beauftragt Durchführungsorganisation mit der Prüfung des Projekts.

Durchführungsorganisation prüft Projekt unter wirtschaftlichen, technischen, sozioökonomischen, sozio-kulturellen und ökologischen Gesichtspunkten und legt Prüfungsbericht vor.

BMZ wertet Prüfungsergebnisse aus und entscheidet über Förderungswürdigkeit des Projekts.

Bundesregierung schließt völkerrechtliche Vereinbarung mit Regierung des Entwicklungslandes.

Bundesregierung beauftragt Durchführungsorganisation mit der Abwicklung der deutschen Leistungen für das Projekt.

Projektträger im Entwicklungsland führt mit Unterstützung der deutschen Durchführungsinstitution das Projekt durch.

Kontrollen seitens Durchführungsorganisation, BMZ, und ggf. Bundesrechnungshof während der Durchführungsphase, ob Projekt planmäßig realisiert wird.

Nach Abschluß der deutschen Leistungen prüfen die zuletzt genannten Institutionen, ob die Projektziele erreicht wurden.

in: Entwicklungshilfe trägt Früchte, BMZ, S.5ff.

Eine erfolgreiche Bevölkerungspolitik muß viele Probleme gleichzeitig in Angriff nehmen

Hohes Beölkerungswachstum in Entwicklungsländern

- Geringes Einkommen, niedriger Lebensstandard
  = Kinder werden als zusätzliche Arbeitskraft benötigt

- Fehlende Sozialversicherung
  = Kinder sind zur wirtschaftlichen Absicherung bei Krankheit und im Alter notwendig

- Fehlen von Einrichtungen für Familienplanung
  = hohe Geburtenraten, da geplante Elternschaft unbekannt

- Fehlende Bildungseinrichtungen
  = Analphabetismus, Mangel an Kenntnis über Familienplanung

- Fehlende Gesundheitsdienste, mangelnde Umwelthygiene
  = hohe Kindersterblichkeit

- Niedriger sozialer Status der Frauen
  = Abhängigkeit der Frauen

- Hohe Geburtenraten und schnelle Geburtenfolge
  = erhöhte Gesundheitsrisiken für Mütter und Kinder

- Einfluß der Tradition
  = Kinder erhöhen das Sozialprestige

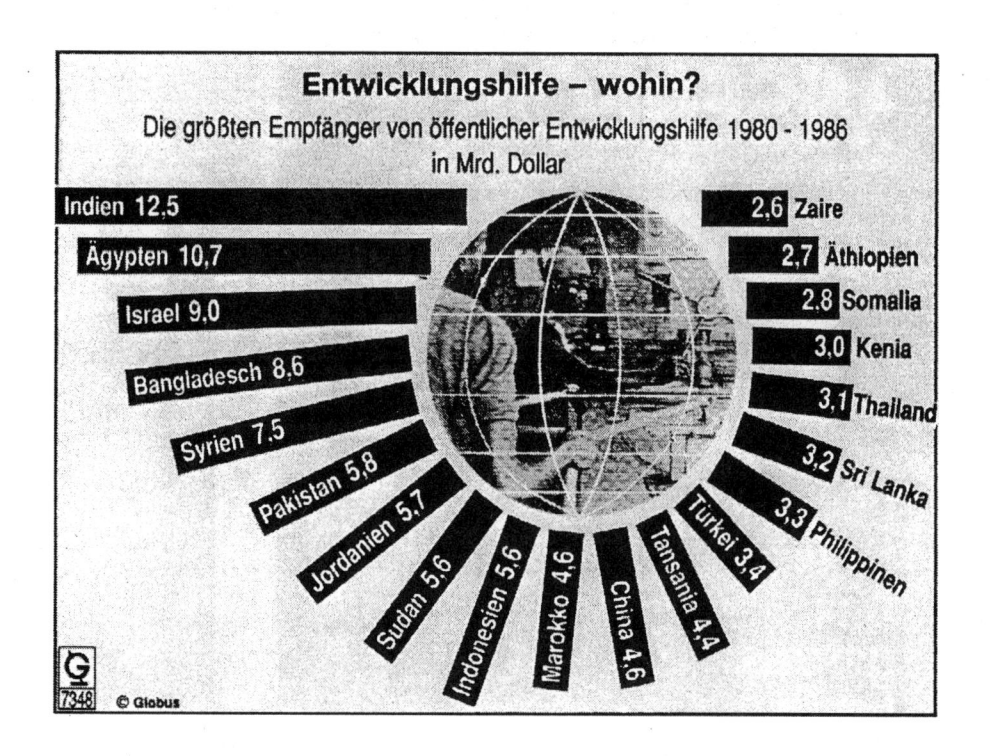

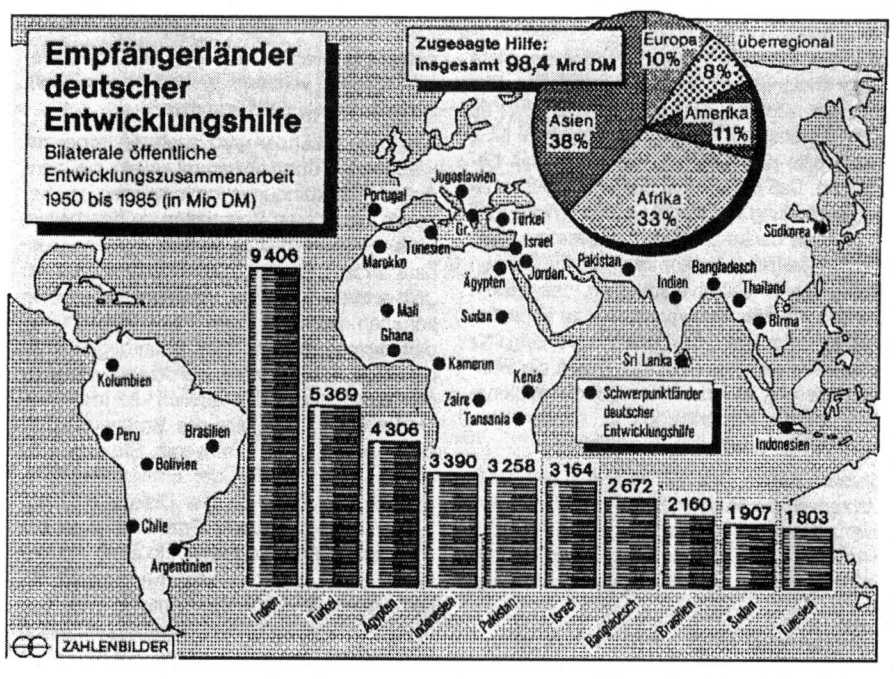

Entwicklungshilfe – wohin?

Die größten Empfänger von öffentlicher Entwicklungshilfe 1980 - 1986 in Mrd. Dollar

- Indien 12,5
- Ägypten 10,7
- Israel 9,0
- Bangladesch 8,6
- Syrien 7,5
- Pakistan 5,8
- Jordanien 5,7
- Sudan 5,6
- Indonesien 5,6
- Marokko 4,6
- China 4,6
- Tansania 4,4
- Türkei 3,4
- Philippinen 3,3
- Sri Lanka 3,2
- Thailand 3,1
- Kenia 3,0
- Somalia 2,8
- Äthiopien 2,7
- Zaire 2,6

© Globus 7348

Empfängerländer deutscher Entwicklungshilfe

Bilaterale öffentliche Entwicklungszusammenarbeit 1950 bis 1985 (in Mio DM)

Zugesagte Hilfe: insgesamt 98,4 Mrd DM

- Europa 10%
- überregional 8%
- Amerika 11%
- Asien 38%
- Afrika 33%

Indien	Türkei	Ägypten	Indonesien	Pakistan	Israel	Bangladesch	Brasilien	Sudan	Tunesien
9 406	5 369	4 306	3 390	3 258	3 164	2 672	2 160	1 907	1 803

ZAHLENBILDER

185 220 © Erich Schmidt Verlag GmbH

Gründe der Ablehnung

- „Nächstenliebe beginnt zuhause."
- „Was hat es für einen Sinn, Geld zu geben, um die Armut zu bekämpfen. Das Geld reicht doch niemals."
- „Wenn es auch zusammenkommt, es erreicht doch niemals die richtigen Leute."
- „Die Regierung trägt die Schuld."
- „Sie wollen doch ihre Unabhängigkeit, dann sollen sie auch damit allein fertig werden."
- „Es bleibt doch nur unterwegs hängen."
- „Was haben die den jemals für uns getan?"
- „Es gibt doch viel zuviele davon!"
- „Wenn die Revolution einmal kommt, wird es keine Armut mehr geben."
- „Sie vermehren sich wie Kaninchen."
- „Es ist ein Faß ohne Boden!"
- „Ich mag ganz einfach keine Gastarbeiter."

Quelle: Dick Leurdijk: Eine Welt – Eine Zukunft. Westdeutscher Verlag, Opladen 1977, S. 112.

Meinungsumfragen über die Einstellung zur Entwicklungshilfe

Frage: „Sie wissen sicherlich, daß Entwicklungshilfe an unterentwickelte Länder in Asien, Afrika usw. gegeben wird. Sie sind ganz allgemein für oder gegen Entwicklungshilfe?"
(Antworten in Prozent):

	1975	1979	1983	1985	1987
eher dafür	58	71	74	73	74
eher dagegen	25	18	15	13	15
weiß nicht	17	11	11	15	11
keine Angaben	0	0			

Frage: „Wie stark interessieren Sie sich eigentlich für Fragen der Entwicklungshilfe?"
(Antworten in Prozent):

	1975	1979	1983	1985	1987
sehr stark/stark	15	18	19	16	18
mittel	40	51	48	48	49
weniger/gar nicht	40	31	34	35	33
keine Angabe	5	0	0	1	0

Frage: „Wie ist das mit der von der Bundesrepublik geleisteten Entwicklungshilfe: Würden Sie die, alles in allem, eher positiv oder negativ beurteilen?"
(Antworten in Prozent):

	1975	1979	1983	1985	1987
eher positiv	46	53	48	44	46
eher negativ	27	25	27	22	30
weiß nicht	27	21	25	34	24
keine Angaben	0	1			

Quelle: Nach Angabe des BMZ.

THEMA
Ziel der Entwicklungspolitik: **Hilfe** zur **Selbsthilfe**

LERNZIELE   Die Schüler sollen

- erkennen, daß das oberste Ziel der Entwicklungspolitik die sog. "Hilfe zur Selbsthilfe" ist.

- anhand eines Beispieles beschreiben können, was mit dem Begriff "Hilfe zur Selbsthilfe" gemeint ist.

- erkennen, daß Entwicklungshelfer einen wichtigen Beitrag zur Entwicklungspolitik leisten.

ARBEITSMITTEL/MEDIEN/LITERATURHINWEISE

Folie (Ziele und Grundsätze der deutschen Entwicklungspolitik)
Folien (chin. Sprichwort; Meinungsumfrage; Energie)
Folie (Institutionen der Entwicklungszusammenarbeit in der BRD)

Arbeitsblatt mit Lösung

TAFELBILD/FOLIEN   Almosen sind keine echte Lösung

Meinungsumfrage: Ziele der Entwicklungshilfe

	Bekämpfung der Armut		Hilfe, um auf eigenen Füßen zu stehen		Entwicklung zum echten wirtschaftlichen Partner	
	D	EG	D	EG	D	EG
eigenes Hauptziel	16	17	68	61	13	18
heutige Politik der Industrieländer	47	48	52	37	26	17
in Zukunft zu erwartendes Ergebnis	52	55	50	49	26	27

Die Bauern in Europa und Nordamerika produzieren Überschüsse. Diesen Überfluß in die Dritte Welt zu bringen, wäre das die Lösung?
Nur auf den ersten Blick. Abgesehen von allen Transportschwierigkeiten und Finanzierungsproblemen: Die Menschen in Entwicklungsländern wollen nicht, daß wir sie durchfüttern. Sie können nicht auf Dauer abhängig sein von Almosen. Wirkungsvoller ist es, die Staaten der Dritten Welt in die Lage zu versetzen, die Menschen selbst ernähren zu können.

Ziele und Grundsätze der deutschen Entwicklungspolitik

Entwicklungspolitik

- ist Friedenspolitik. Sie will Nord–Süd-Spannungen abbauen.
- unterstützt die wirtschaftliche und politische Eigenständigkeit der Entwicklungsländer.
- bedeutet partnerschaftliche Zusammenarbeit mit den Entwicklungsländern.
- bekämpft die Massenarmut in den Entwicklungsländern, um so die Grundbedürfnisse der Menschen zu befriedigen.
- vertritt in diesem Rahmen auch deutsche Interessen
- ist in erster Linie Hilfe zur Selbsthilfe

"Gib einem Hungernden einen Fisch und er wird einmal satt,

lehre ihn fischen und er wird nie wieder hungern!"

(Chinesisches Sprichwort)

METHODE	LERNINHALTE (STOFF)	ZEIT
Unterrichtsstufe / (Teil) Zielangabe und (Teil) Zusammenfassung / Lehr/Lernakte / Medieneinsatz	Tafelanschrift (bzw. Folie)	
I. HINFÜHRUNG:		
Folie (Überschrift)	Ziele und Grundsätze ...	
Impuls	L: Du kannst nun nach allem was wir schon über Entwicklungspolitik gehört haben, einige Ziele nennen, die die Bundesregierung in diesem Schreiben wahrscheinlich aufgestellt hat.	
	SS: Beseitigung des Hungers, Aufbau der Wirtschaft in EL ...	
stummer Impuls	L: deckt Folie auf	
Impuls	L: Das wichtigste Ziel habe ich unterstrichen.	
Zielangabe	SS: Was bedeutet "Hilfe zur Selbsthilfe"?	
II. ERARBEITUNG:		
Impuls	L: Ein altes chinesisches Sprichwort kann diese Frage am besten klären.	
Folie	"Gib einem Hungernden einen Fisch und er wird einmal satt, lehre ihn fischen und er wird nie wieder hungern!"	
	SS: eigenes Können ...	
Impuls	L: Wie nun eine solche Hilfe aussieht, schauen wir uns am Beispiel eines Entwicklungshelfers an.	
	Möglichkeit 1: Bericht Zeitung Möglichkeit 2: 32 0614 "Bauern von Fermathe" (21 min) Möglichkeit 3: Info-Blatt	
AA/EA	L: Lies den Text durch und berichte über die Entwicklungshilfemaßnahmen in Bangladesch!	
Auswertung	SS: ...	
AB	SS: Oberstes Ziel der EH ist die "Hilfe zur Selbsthilfe"	
Eintrag AB (Lückenwörter)	Hilfe zur Selbsthilfe; Entwicklungshelfern; Landwirte, Schreiner, Lehrer, Ärzte, Mechaniker, Schmiede etc.	
TLP Folien (siehe S. 43)		
LSG		
III. AUSWEITUNG		
Info.blatt	1. Wandel der Dritten Welt 2. Kritik an der Entwicklungshilfe	
LSG		

ERDKUNDE

Wie soll Entwicklungshilfe aussehen?

Zum Beispiel in Bangladesch

Der Auftrag lautet knapp und klar: „Ausbau der Farm Savar zur zentralen staatlichen Rinderzucht- und Besamungsstation für die Rinderzuchtplanung in Bangladesch". Wenig Worte für viel Arbeit, die sich zwölf deutsche Fachleute mit ihren einheimischen Partnern vorgenommen haben.

Bangladesch gehört zu den ärmsten Ländern der Erde. Rund 90 Millionen Menschen, wesentlich mehr als in der Bundesrepublik Deutschland, leben auf einem Gebiet kaum größer als Bayern und Baden-Württemberg zusammen. Der junge Staat im Nordosten des indischen Subkontinents wird einmal durch Dürre, dann wieder durch Überschwemmungen und durch die schier unaufhaltsame Bevölkerungsexplosion ständig in seiner wirtschaftlichen Entwicklung bedroht. Die Produktion von Nahrungsmitteln und die Familienplanung sind daher die wichtigsten Aufgaben der nächsten Jahre.

Schon im Dezember 1967 begann die Planung für ein Vorhaben, das für zwei lebenswichtige, aber bis dahin fast unbekannte Produkte sorgen sollte: Für Milch und Rindfleisch. Als die ersten deutschen Tierzucht- und Molkereifachleute in Savar eintrafen — einer Farm 30 Kilometer nördlich der Hauptstadt Dacca — gab es im ganzen Land zwar 18 Millionen Rinder. Aber sie dienten fast ausschließlich als Zugtiere. Wo überhaupt Milchkühe gehalten wurden, gaben diese kaum mehr als eineinhalb Liter am Tag. Futteranbau und Futterkonservierung waren ebensowenig bekannt wie geregelte Jungviehaufzucht und tierärztliche Betreuung.

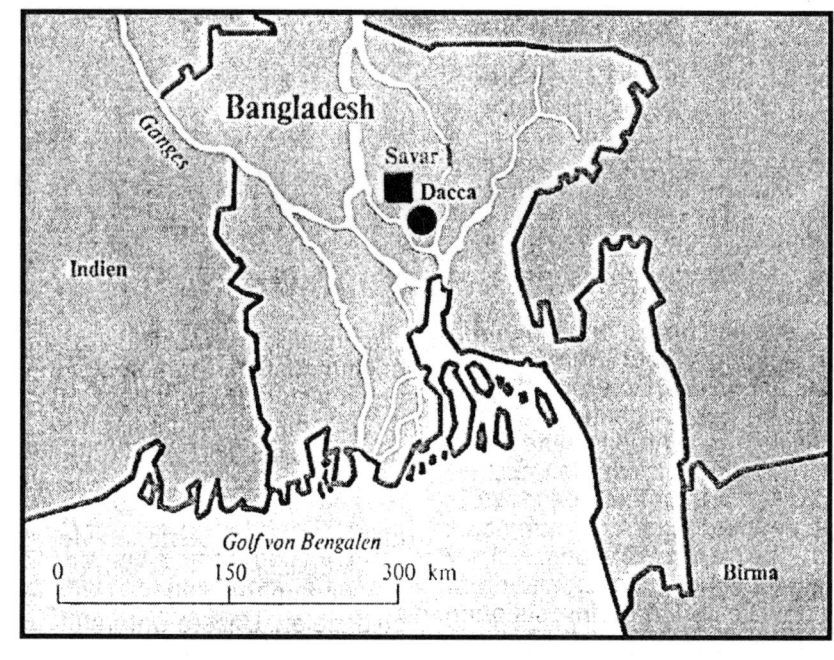

Zunächst machte man sich in Savar daran, eine geeignete Milchviehrasse zu züchten. Aus Ostfriesland wurden schwarzbunte Bullen eingeflogen. „Blaugraf" und „Artur" sorgten mit den heimischen „Pabna"- und „Chittagong"-Kühen für Nachkommen, die für die Kleinbauern bestens geeignet sind: Sie arbeiten als Zugtiere, geben vier Liter Milch — und bleiben dennoch widerstandsfähig im tropischen Monsunklima und bei geringen Futtermengen. Zudem geben sie als Schlachtvieh reichlich Fleisch.

Außerordentlich wichtig ist eine intensive Beratung der 140.000 Kleinbauern im Einzugsgebiet der Savar-Farm. Geeignete Futterpflanzen werden jetzt abwechselnd mit Reis, Sojabohnen und Mais angebaut, um das Land besser zu nutzen. Für die Tierzucht wurden saubere Ställe gebaut, die Milch von über 7.000 Sammelstellen in die neue Molkerei gebracht. Inzwischen wird die Farm allein von Einheimischen geführt.

40 Millionen DM hat die Bundesregierung in das Projekt gesteckt, die Regierung von Bangladesch nochmals den gleichen Betrag. Wo sich früher ausgemergelte Rinder mühsam von Reisstroh, Gras und Abfall am Straßenrand ernährten, liefern die Kühe der von einheimischen Beratern geschulten Farmer und Genossenschaften jetzt ausreichend Milch für den Eigenbedarf und dazu noch täglich 7.000 Liter für die Molkerei: Trinkmilch für die Millionenstadt Dacca. Die Versorgung ist noch nicht gesichert. Aber ein vielversprechender Anfang ist gemacht.

Das oberste Ziel der Entwicklungshilfe:

_____

_____

Eine solche Hilfe ist nur durch den Einsatz von _____ möglich. Dabei sind verschiedene Berufe immer wieder gesucht, z.B.: _____

_____

Reich kann man dabei nicht werden, aber reicher an Erfahrungen, an Wissen, an Lebensweisheit.

Weltweiter Wandel

Was in der Dritten Welt geschieht, berührt die ganze Welt. Auch Europa macht einen Wandel durch, wenn Asien, Afrika und Lateinamerika sich wandeln. Der unaufhörliche und weltweite Fluß von Gütern, Kapital, Dienstleistungen und Informationen vernetzt die Länder der Erde immer enger miteinander.

Ob Brasilien seine Schulden bezahlen kann, ob Korea mit Erfolg Autos exportiert, ob der Golfkrieg zwischen Iran und Irak endgültig beendet ist, ob in der Sahelzone Dürre herrscht – alles hat weltweite Auswirkungen, die für jeden von uns deutlich spürbar werden können, vorteilhaft ebenso wie nachteilig. Zahl und Auswahl der Arbeitsplätze bei uns, der Standort unserer Unternehmen, Zunahme oder Rückgang der Zahl von Asylsuchenden, die Preise von Produkten, für deren Herstellung Rohstoffe verbraucht werden – dies und dutzenderlei anderes, das uns täglich berührt, hängt ab von Entwicklungen in der Dritten Welt. Andererseits hängt die Entwicklung der Dritten Welt wiederum ab von Entscheidungen, die in Europa, Japan oder Nordamerika getroffen werden: Entscheidungen über die Freizügigkeit oder die Behinderung des Warenverkehrs, über Ausmaß und Formen von Entwicklungshilfe, über Beschränkung der Agrarüberschüsse, über die Höhe der Kapitalmarktzinsen, über Stundung oder Erlaß von Auslandsschulden – und über dutzenderlei anderes von gleicher Wichtigkeit.

Wandel in der Dritten Welt wird also in starkem Maße auch von außen bewirkt – und wirkt sich seinerseits erheblich nach außen aus. Was aber wandelt sich oder hat sich bereits gewandelt? Einige Beispiele:

- *Die wirtschaftliche Entwicklung vieler Länder der Dritten Welt wird drückend beeinflußt von einer riesigen Schuldenlast, von sinkenden Rohstoffpreisen, wodurch die Exporteinnahmen vieler Entwicklungsländer verringert werden, vom Verhalten einiger Industrieländer, die Einfuhren von Fertigwaren aus Entwicklungsländern erschweren, um ihre eigene Industrie zu schützen. Das Wirtschaftswachstum früherer Jahre ist in vielen Entwicklungsländern gebremst oder zum Stillstand gekommen. Ein Wandel zum Schlechten.*
- *In einigen Regionen der Dritten Welt sind Diktaturen auf dem Rückzug, so in Lateinamerika oder in Ost- und Südostasien. Die Tendenz zu demokratischeren Regierungs- und Gesellschaftsformen wächst. Ein Wandel zum Guten.*
- *In großen Teilen der Dritten Welt sind gefährliche Umweltschäden bemerkbar (Entwaldung, Erosion, Wasserverschmutzung). Viele arme Länder sind nicht in der Lage, entstandene Schäden zu beheben oder künftige zu verhindern. Ein Wandel zum Schlechten.*
- *In den meisten Ländern ist Förderung der Familienplanung, also der Versuch, das Bevölkerungswachstum einzuschränken, heute Teil der Regierungspolitik. In den bevölkerungsreichsten Ländern der Erde wachsen die Einwohnerzahlen spürbar langsamer. Ein Wandel zum Guten.*
- *Kriege und Terror haben sich in einigen Regionen der Dritten Welt verschärft, in anderen sind die Aussichten auf Frieden gewachsen. Ein Wandel zum Schlechten – ein Wandel zum Guten.*
- *Das Hungerproblem der Dritten Welt ist noch nicht gelöst, aber in einer Reihe von Ländern sind „hausgemachte" Ursachen für Nahrungsmangel beseitigt worden. Schon ein Wandel?*
- *Die Rüstungskosten auf der ganzen Welt gehen zurück, aber sie wachsen in einigen Krisengebieten der Dritten Welt. Ein Wandel zum Schlechten.*
- *Entwicklungshilfe ist in letzter Zeit mehr als früher ins Kreuzfeuer der Kritik geraten. Einige Fachleute halten sie für unwirksam, also für unnütz, andere fordern dagegen ihre Verstärkung und Verbesserung. Tatsache ist, daß die großen, vor dreißig Jahren gesetzten Ziele der Entwicklungshilfe nicht erreicht wurden. Mittlerweile sind einige Ziele korrigiert worden. Das wichtigste: Entwicklungshilfe soll verstärkt den Armen direkt zugutekommen. Für Hunderte von Millionen die Hoffnung auf einen Wandel zum Guten.*

„Es war eine hübsche kleine Palmen-Oase, bevor die Entwicklungshelfer kamen."

Text oben: In welcher Weise ist die Dritte Welt einem Wandel unterworfen?

Text unten: Kann Entwicklungshilfe auch schaden?

Schadet Hilfe?

An einem Beispiel sei gezeigt, wie schwer es ist, Probleme zu lösen, ohne neue zu schaffen.
Es hat sich inzwischen herausgestellt, daß die kostenlose Nahrungsmittelhilfe in Katastrophenfällen unerwünschte Nebenwirkungen hat. Eine davon: Viele Bauern in Entwicklungsländern haben dadurch Schwierigkeiten, ihre Ernten abzusetzen. Die Hilfslieferungen, z.B. aus europäischen Überschüssen, drückten die Preise des einheimischen Getreides. Hunger in Äthiopien hieß ja nicht, daß überall in Afrika Mangel an Getreide herrschte. Ja, es hieß nicht einmal, daß überall in Äthiopien die Ernten schlecht waren. Die Bauern klagten über die Konkurrenz aus Europa. Sie blieben auf ihren Ernten sitzen.

Lit.: Dritte Welt im Wandel, 1989

Der einfache Holzstall für Kuh und Ziege.

Aus Fehlern hat man gelernt: Als 1987 in Moçambique Hungersnot herrschte, schickte die Europäische Gemeinschaft (EG) nicht eigene Überschüsse, sondern Geld, womit im Nachbarland Simbabwe Mais aufgekauft wurde. Dort hatte man nämlich Überschüsse erwirtschaftet. Der Mais wurde nach Moçambique transportiert, womit dort den Hungernden und in Simbabwe den Bauern geholfen war.
Aber die Getreideüberschüsse der EG schaden der Dritten Welt weiterhin – auf andere Weise: Europas Weizen kann auf dem Weltmarkt weit unter Erzeugerkosten angeboten werden, weil die EG die Bauern unterstützt. Die Bauern der Dritten Welt aber werden kaum staatlich gefördert und können ihre Ernten oft nicht kostendeckend absetzen.

Förderungsschwerpunkt Energie – Gebiete, auf denen die Bundesregierung mit Entwicklungsländern zusammenarbeitet –

Konventionelle Energiequellen

Erschließung u. Ausbau nationaler Steinkohle- u. Braunkohleförderung

Erschließung der nationalen Erdölquellen

Nutzung des vorhandenen Wasserkraftpotentials

Neue und erneuerbare Energiequellen

Entwicklung und Verbreitung von Bio-Gasanlagen

Nutzung der Windenergie

Sparsamere Nutzung des Energieträgers Holz

BMZ

Institutionen der Entwicklungszusammenarbeit in der Bundesrepublik Deutschland – Vereinfachte Darstellung –

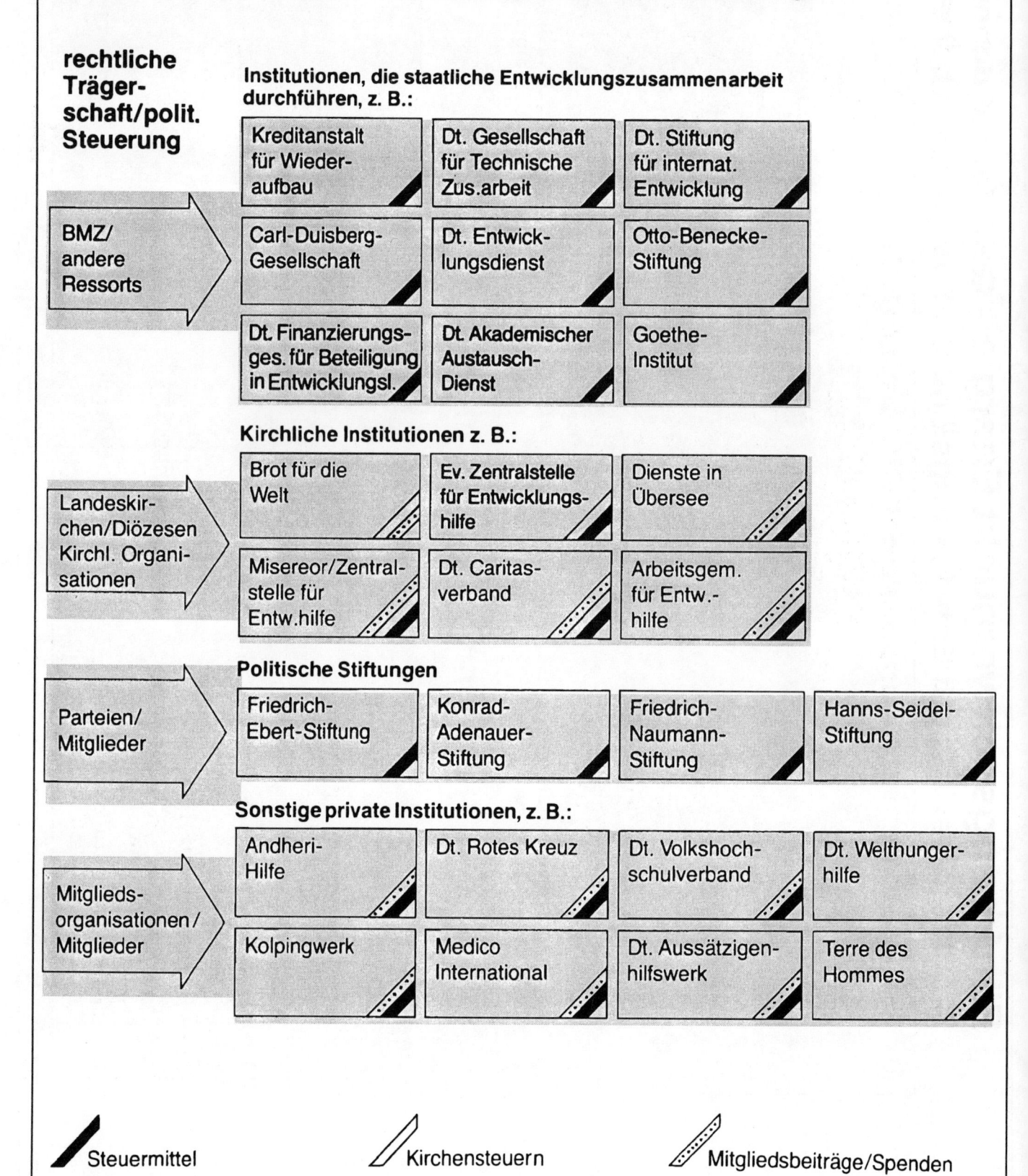

BMZ

rechtliche Trägerschaft/polit. Steuerung

Institutionen, die staatliche Entwicklungszusammenarbeit durchführen, z. B.:

BMZ/andere Ressorts →

Kreditanstalt für Wiederaufbau	Dt. Gesellschaft für Technische Zus.arbeit	Dt. Stiftung für internat. Entwicklung
Carl-Duisberg-Gesellschaft	Dt. Entwicklungsdienst	Otto-Benecke-Stiftung
Dt. Finanzierungsges. für Beteiligung in Entwicklungsl.	Dt. Akademischer Austausch-Dienst	Goethe-Institut

Kirchliche Institutionen z. B.:

Landeskirchen/Diözesen Kirchl. Organisationen →

Brot für die Welt	Ev. Zentralstelle für Entwicklungshilfe	Dienste in Übersee
Misereor/Zentralstelle für Entw.hilfe	Dt. Caritasverband	Arbeitsgem. für Entw.-hilfe

Politische Stiftungen

Parteien/Mitglieder →

Friedrich-Ebert-Stiftung	Konrad-Adenauer-Stiftung	Friedrich-Naumann-Stiftung	Hanns-Seidel-Stiftung

Sonstige private Institutionen, z. B.:

Mitgliedsorganisationen/Mitglieder →

Andheri-Hilfe	Dt. Rotes Kreuz	Dt. Volkshochschulverband	Dt. Welthungerhilfe
Kolpingwerk	Medico International	Dt. Aussätzigenhilfswerk	Terre des Hommes

/ Steuermittel   / Kirchensteuern   / Mitgliedsbeiträge/Spenden

THEMA

Anmerkungen zur **Entwicklungspolitik**

LERNZIELE

Die Schüler sollen

- die Rolle der Bundesrepublik Deutschland im internationalen Rahmen der Entwicklungshilfe kennenlernen.
- über das Abkommen des "0,7 %" Bescheid wissen.
- Rüstungsausgaben und Entwicklungsausgaben miteinander vergleichen und werten.
- bereit sein, einen Beitrag zur Entwicklungshilfe zu leisten.

ARBEITSMITTEL/MEDIEN

2 Informationsblätter

TAFELBILD/FOLIE

Möglichkeiten des Engagements

1. Was ich persönlich tun kann:

— Beim Einkaufen darauf achten, woher die Waren kommen, wieviele Produkte eigentlich aus Afrika, Asien oder Lateinamerika in meinem Einkaufskorb landen.

— Auch im Dritte-Welt-Laden einkaufen; die Produkte (wie Kaffee, Tee, Honig, Kakao o.a.m.), sind zwar häufig teurer, dafür erhalten die Produzenten aber auch höhere Erlöse.

— Bestimmte Produkte (z.B. Früchte aus dem Apartheid-Staat Südafrika) nicht kaufen.

— Die politischen Forderungen nach einer gerechteren Wirtschaftsordnung unterstützen.

2. Was Gruppen, Organisationen und öffentliche Körperschaften tun können:

— Die Errichtung von Dritte-Welt-Läden unterstützen und fördern.

— In Großküchen (auch Schulküchen), kommunalen Einrichtungen und bei Großveranstaltungen Lebensmittel (Kaffee, Tee, Kakao, Wein, Bananen etc.) aus dem „alternativen Handel" der Dritte-Welt-Läden verwenden.

— Bei den Verbraucherberatungen auch auf die entwicklungspolitischen Hintergründe (Herkunftsland, Produktionsbedingungen) von Waren aus der Dritten Welt hinweisen.

— Dritte-Welt-Themen und Seminarangebote (z.B. „entwicklungspolitischer Kochkurs") in das Angebot von Volkshochschulen und Bildungseinrichtungen aufnehmen.

— Die Aufnahme von Praktikantinnen und Praktikanten aus der Dritten Welt ermöglichen und unterstützen.

3. Forderungen an die Politik

— Gestaltung einer gerechten und sozialen Weltwirtschaftsordnung; Unterstützung von Stabilisierungsmaßnahmen im Rohstoffbereich.

— Abbau der Verschuldung der Länder der Dritten Welt.

— Abbau des Protektionismus; Öffnung unserer Märkte für Produkte aus der Dritten Welt.

— Unterstützung einer binnenorientierten Entwicklung in der Dritten Welt, vor allem im Bereich einer eigenständigen Ernährungssicherung.

HINWEISE/NOTIZEN

Exkurs: Zerstörung von tropischen Wäldern (3 Informationsblätter)
Exkurs: Getreideverschwendung durch Fleischproduktion (3 Informationsblätter)

METHODE Unterrichtsstufe (Teil) Zielangabe und (Teil) Zusammenfassung Lehr / Lernakte Medieneinsatz		LERNINHALTE (STOFF) Tafelanschrift (bzw. Folie)	ZEIT

I. HINFÜHRUNG:
  Anknüpfung an die
  letzte Stunde
  stummer Impuls
		L: legt Folie auf (Sprichwort)
		SS: Entwicklungshilfe = Hilfe zur Selbst-
		    hilfe ...
		
		  Einige Anmerkungen zur
		  Entwicklungspolitik	

Zielangabe	TA LSG	L: Lies den Text "Dritte Welt - was ist das?"	

II. ERARBEITUNG:
  AA/PA
	Info-Blatt 1	L: 1. Warum haben die IS/EL den Plan
		       "Null-Komma-Sieben" beschlossen?
		    2. Was beinhaltet dieser Plan?
		    3. Wurde das Ziel dieses Plans bisher
		       erreicht?
		    4. Welche Rolle spielt in diesem Zu-
		       sammenhang die Bundesrepublik
		       Deutschland?
		SS: ...	

Auswertung		SS: 1. Wenn alle IS 0,7 % ihres BSP den
		       EL zur Verfügung stellen würden,
		       könnten die EL weit in die Zukunft
		       planen, da sie auf Jahre hinaus
		       sichere Einnahmen hätten.
		    2. Der Plan verlangt, daß alle IS
		       0,7 % ihres BSP als staatliche Ent-
		       wicklungshilfe leisten sollen.
		    3. Das Ziel wurde bisher nicht er-
		       reicht. Von den westlichen Industrie-
		       staaten wurden im Durchschnitt
		       0,35 % geleistet. Der Anteil der
		       Staaten des Ostblocks ist mit
		       0,14 % noch wesentlich geringer.
		    4. Die BRD nimmt in diesem Rahmen
		       mit 0,39 % einen Mittelplatz ein.	

III. VERTIEFUNG: Ges.Wdhlg.			

IV. SICHERUNG:
  AA
		L: Unterstreiche auf dem AB die wich-
		    tigsten Textstellen und Daten!	

V. AUSWEITUNG:
  Impuls
	Info-Blatt 2	L: Leider gibt es nun in diesem Zusam-
		    menhang auch Dinge, die ziemlich schlimm
		    sind. Lies den Text und nimm dazu
		    Stellung!
		SS: - Waffenimporte
		    - Militärausgaben an EL
		    - Industrieländer als Waffenlieferanten	

LSG
  Impuls
		L: Wir haben die Aufgabe und auch die
		    Möglichkeit, die Entwicklungspolitik
		    zu unterstützen.	

Vorbereitung eines Projekts "Entwicklungshilfe"		SS: Spenden, Vorurteile abbauen, Ent- wicklungshelfer ...	

ERDKUNDE

Der "Null-Komma-Sieben-Plan"

Gesamte öffentliche Entwicklungshilfe der Welt (1988*)

	in Mrd. US-$	in % des BSP		in Mrd. US-$	in % des BSP
Australien	1,09	0,46	Österreich	0,30	0,24
Belgien	0,59	0,39	Schweden	1,53	0,87
Bundesrepublik Deutschland	4,70	0,39	Schweiz	0,62	0,32
Dänemark	0,92	0,89	USA	9,78	0,20
Finnland	0,61	0,59	Alle DAC[2]-Länder	47,58	0,35
Frankreich[1]	6,96	0,73	OPEC[3]-Länder	3,34	0,79
Großbritannien	2,62	0,32	Ostblockländer[4]	(4,87)	...
Irland	0,06	0,20			
Italien	3,01	0,37			
Japan	9,13	0,32			
Kanada	2,34	0,50			
Neuseeland	0,10	0,27			
Niederlande	2,23	0,98			
Norwegen	0,99	1,12			

1) Einschl. Leistungen für französische Departements/Gebiete in Übersee in Höhe von 2,18 Mrd US-$ = 0,23% des BSP
2) Erläuterung
3) Organisation erdölexportierender Länder, Daten für 1987
4) geschätzt (Schätzung der OECD für 1988)
*) vorläufig

Quelle: Weltentwicklungsbericht 1989 und BMZ

Die Entwicklungsländer fordern finanzielle Hilfe von außen als Hilfe zur Selbsthilfe. Politiker aus der Dritten Welt haben deshalb einen bemerkenswerten Vorschlag gemacht: Alle Industriestaaten sollten eine direkte Steuer erheben, deren Erlös ausschließlich Entwicklungsländern zugute kommen müßte. So könnten die Entwicklungsländer weit in die Zukunft planen, da sie auf Jahre hinaus sichere und berechenbare Einnahmen hätten.

Es versteht sich von selbst, daß die Industriestaaten solchen Plänen zurückhaltend gegenüberstehen. Ihre Bürger finanzieren ja jetzt schon die öffentliche Entwicklungshilfe. So wurden beispielsweise in der Bundesrepublik Deutschland im Jahre 1988 fast acht Milliarden DM aus dem Steueraufkommen für Entwicklungshilfe aufgebracht. Die Industrieländer äußern aber Verständnis dafür, daß die Entwicklungsländer nur vernünftig planen können, wenn sie mit sicheren und wachsenden Einnahmen rechnen können. Sie haben deshalb einer anderen Forderung der Entwicklungsländer zugestimmt: dem Plan „Null-Komma-Sieben".

Dieser Plan verlangt, daß alle Industriestaaten 0,7 Prozent ihres Bruttosozialproduktes als öffentliche (staatliche) Entwicklungshilfe leisten sollen.

Alle westlichen Industriestaaten haben 1988 rund 48 Milliarden Dollar an öffentlicher Entwicklungshilfe geleistet. Das sind 0,35 Prozent ihres gesamten Bruttosozialprodukts, die Hälfte also des „Null-Komma-Sieben"-Ziels.
Die Bundesrepublik Deutschland belegt dabei mit 0,39 Prozent einen Mittelplatz unter den gebenden Ländern.

Insgesamt hat die Dritte Welt damit im Jahre 1988 rund 55 Milliarden Dollar an staatlicher Entwicklungshilfe erhalten.

Alle Entwicklungshilfe von außen aber ist, zusammen mit den Leistungen der privaten Wirtschaft (also vor allem den Direktinvestitionen und den Krediten zu marktüblichen Bedingungen), doch nur etwa ein Siebtel von dem, was die Länder der Dritten Welt selbst für ihre Entwicklung aufbringen. Rund 85 Prozent schaffen sie aus eigener Kraft. Aber auch für diese Durchschnittszahl gilt wieder die Einschränkung: Einige Länder entwickeln sich schon nahezu vollständig aus eigener Kraft, andere, die ärmsten, sind noch zu einem Drittel und mehr auf fremde Hilfe angewiesen.

Was ist das?
Dritte Welt

Man spricht von der Dritten Welt in Unterscheidung zur Ersten Welt (den westlichen Industrienationen) und der Zweiten Welt (den Staatshandelsländern des Ostblocks). Wie und wann der Begriff entstand, ist unklar. Er wurde schon 1955 von Vertretern afrikanischer und asiatischer Staaten gebraucht, die sich in Bandung zu einer ersten Konferenz ohne Mitwirkung der Kolonialmächte trafen und sich als unabhängige dritte Kraft neben den beiden Blöcken in Ost und West empfanden.

Zur Dritten Welt zählen rund 130 unabhängige Staaten mit nahezu vier Milliarden Einwohnern. Es sind dies nach Einteilung der OECD[*]:

- *in Afrika alle Länder außer Südafrika;*
- *in Amerika alle Länder außer Kanada und USA;*
- *in Asien alle Länder außer Japan und der Sowjetunion;*
- *in Ozeanien alle Länder außer Australien und Neuseeland;*
- *in Europa: Griechenland, Jugoslawien, Malta, Portugal, Türkei und Zypern.*

[*] Die OECD (Organization for Economic Cooperation and Development – Organisation für wirtschaftliche Zusammenarbeit und Entwicklung) ist ein Zusammenschluß der 24 wichtigsten marktwirtschaftlichen Industrieländer der Welt (darunter alle „westlichen" Staaten Europas). 19 der OECD-Länder gehören dem Entwicklungshilfeausschuß (DAC) an; sie bringen rund 90% der gesamten öffentlichen Entwicklungshilfe aller Industrieländer (einschließlich des Ostblocks) auf.

Lit.: Partner Dritte Welt

Anmerkungen zur Entwicklungspolitik

Großwaffenlieferanten der Dritten Welt 1985–1989

Exportland	Waffenlieferungen in Mio. US-$	in %
UdSSR	46 402	43,8
USA	21 397	20,2
Frankreich	12 229	11,6
VR China	6 669	6,3
Großbritannien	5 610	5,3
BR Deutschland	1 925	1,8
Italien	1 685	1,6
Niederlande	1 406	1,3
Brasilien	1 318	1,2
Israel	1 008	1,0
Übrige	6 270	5,9
Gesamt	**105 989**	**100,0**

Quelle: SIPRI Rüstungsjahrbuch 1990

Führende Großwaffenimporteure in der Dritten Welt 1985–1989

Importland	Anteil am Waffenimport der Dritten Welt in %
Indien	16,4
Irak	11,3
Saudi-Arabien	8,3
Syrien	5,5
Ägypten	5,5
VR Korea	5,0
Afghanistan	4,3
Angola	3,5
Libyen	3,0
Taiwan	2,8
Iran	2,8
Pakistan	2,8
Rep. Korea	2,6
Israel	2,5
Thailand	1,8
Übrige	21,9

Quelle: SIPRI Rüstungsjahrbuch 1990

Warum Streit in der Dritten Welt?

Warum werden ausgerechnet in der Dritten Welt so viele Kriege geführt, in jenen Ländern also, die aufbauen sollten statt zu zerstören?

Sicherlich spielen Einflüsse der Großmächte USA und UdSSR sowie anderer Drittstaaten eine Rolle (so in Mittelamerika, im südlichen Afrika); aber diese Einmischungen erklären die Häufigkeit von Kriegen allein nicht. Im Gegenteil: Die Großmächte wirken häufig auch bremsend auf rivalisierende Gruppen ein.

Eine Reihe von Streitursachen hat ihre Wurzeln zweifellos in der Kolonialzeit (so etwa willkürliche Grenzziehungen, die Militarisierung einheimischer Eliten oder Nachwirkungen der Befreiungskriege). Aber letzten Endes hat jeder Konflikt sein eigenes, jeweils anders zusammengesetztes Bündel von Ursachen.

Und wie soll Frieden werden in der Dritten Welt? Würde es genügen, wenn die Supermächte USA und UdSSR ihre Militärhilfe und ihre Einflußnahme verringerten – oder würde das die kleineren Länder erst recht zur militärischen Aktion ermutigen? Sollte der internationale Waffenhandel verboten werden – oder würde dann jedes Land mit eigener Rüstungsproduktion beginnen?

Da kriegerische Auseinandersetzungen in der Dritten Welt nicht zuletzt aus sozialen, wirtschaftlichen und politischen Ungleichheiten und Ungerechtigkeiten und den daraus entstehenden Spannungen erwachsen, ist die wichtigste Voraussetzung für friedliches Nebeneinander der Abbau von Ungleichheiten, die Beseitigung von Armut, von Ungerechtigkeit.

Mit anderen Worten: Frieden kann nur in einer entwickelten Welt werden.

Militärausgaben ausgewählter Industrie- und Entwicklungsländer 1988
(in Prozent des BSP)

USA	6,1
Großbritannien	4,3
Frankreich	3,8
Bundesrep. Deutschland	2,9
DDR	5,0
Japan	1,0
Griechenland	6,4
Israel	9,1
Jordanien	15,0
Kuwait	7,3
Verein. Arabische Emirate	6,6
Indien	3,7
Pakistan	6,9
Sri Lanka	3,2
Mongolei	11,7
Angola	21,5
Äthiopien	10,0
Tunesien	5,3
Simbabwe	5,8

Kinder im Eifer: Kinder mit Holzgewehren nehmen teil an einer Parade in Khartoum, der Hauptstadt Sudans, zur jährlichen Feier des Umsturzes von 1969.

Tropenwälder als größte Sauerstoff-Spender der Erde

Erzeugung von pflanzlicher Biomasse und Sauerstoff auf der Landoberfläche der Erde

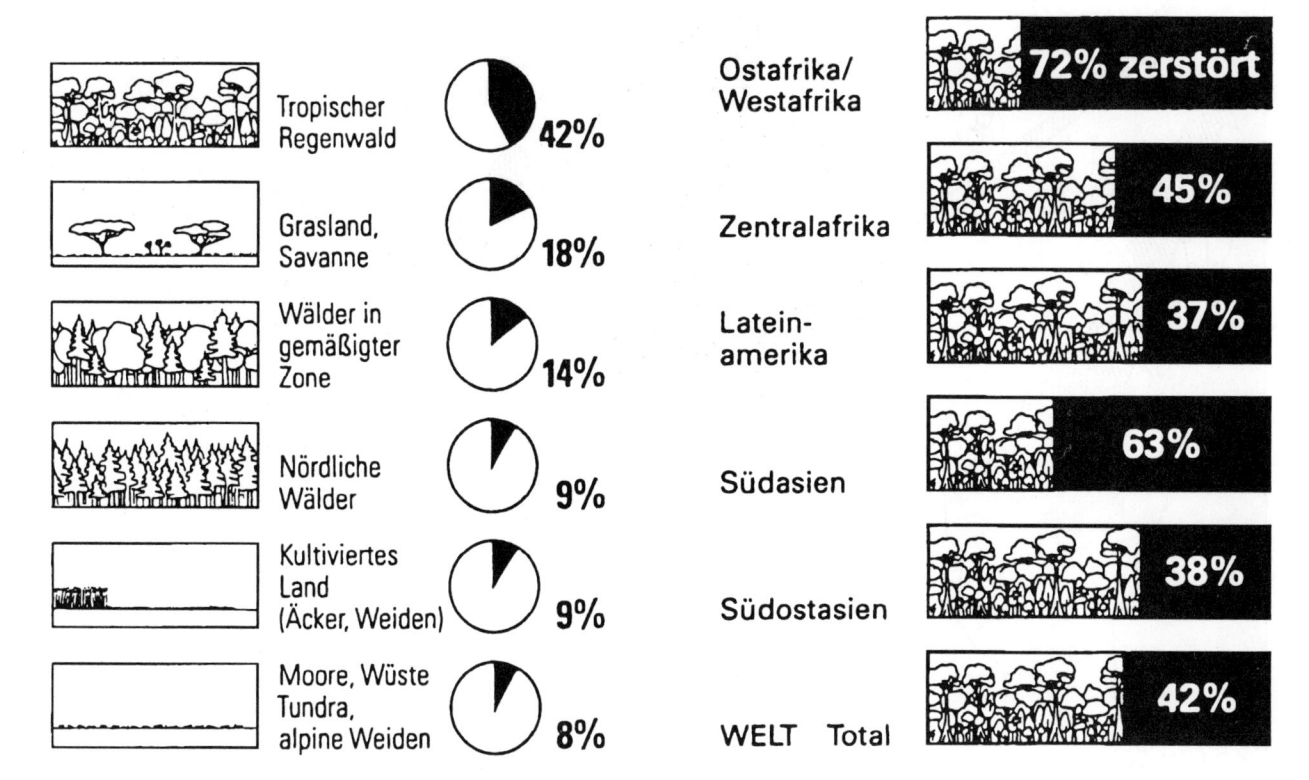

	Tropischer Regenwald	42%
	Grasland, Savanne	18%
	Wälder in gemäßigter Zone	14%
	Nördliche Wälder	9%
	Kultiviertes Land (Äcker, Weiden)	9%
	Moore, Wüste, Tundra, alpine Weiden	8%

Quelle: Ehrlich © Strahm; Peter Hammer Verlag

Zerstörung von tropischen Wäldern

Ursprüngliche Fläche an tropischem Feucht- und Regenwald = 100%

Ostafrika/Westafrika	72% zerstört
Zentralafrika	45%
Lateinamerika	37%
Südasien	63%
Südostasien	38%
WELT Total	42%

Quelle: FAO © Strahm; Peter Hammer Verlag

Schrumpfung der Waldbestände in der Dritten Welt

1978

Afrika
399 Mio. Menschen
188 Mio. ha Wald

Lateinamerika
325 Mio. Menschen
550 Mio. ha Wald

Asien
2274 Mio. Menschen
361 Mio. ha Wald

2000

Afrika
814 Mio. Menschen
150 Mio. ha Wald

Lateinamerika
637 Mio. Menschen
329 Mio. ha Wald

Asien
3630 Mio. Menschen
181 Mio. ha Wald

Bevölkerung: ✝ — 50 Mio. Menschen
Fläche geschlossenen Waldes: ● — 50 Mio. ha Wald

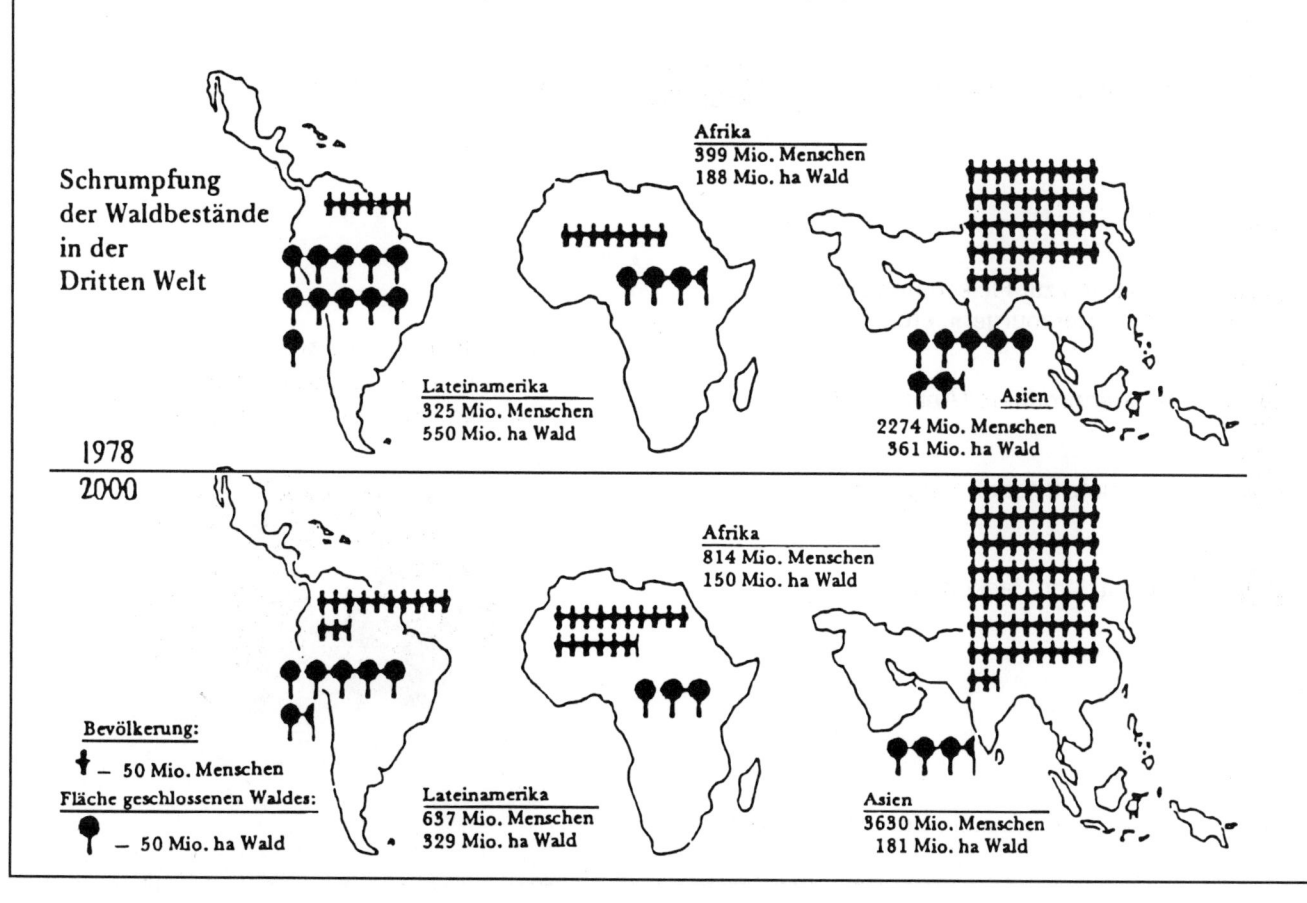

Abholzung des tropischen Regenwaldes:
Im Auftrag der Industrieländer

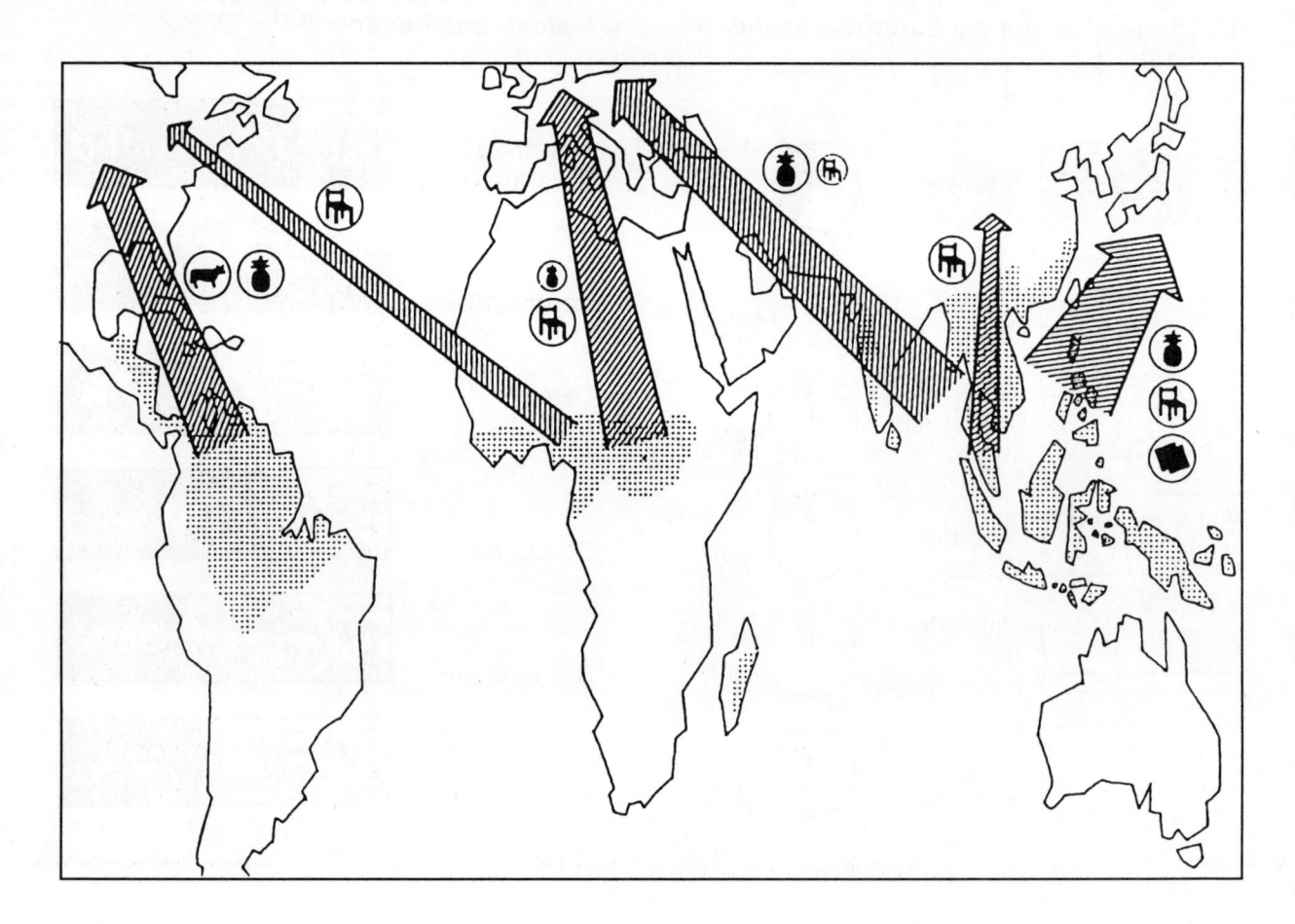

··· Tropischer Regenwald   ▧▧▶ Wichtigste Güterströme

Abholzung für

🐄 Viehweiden zur Fleischproduktion (Steaks, Hamburgers, etc.)

🍍 Plantagenprodukte (Ananas, etc.)

🪑 Tropenholz (Möbel, Särge, etc.)

▣ Sperrholz und Packpapier

Innerhalb von zwei Wochen wird eine Fläche von der Grösse der Schweiz abgeholzt!

Aus: Helvetas, Schweizer Zusammenarbeit für Entwicklung

55

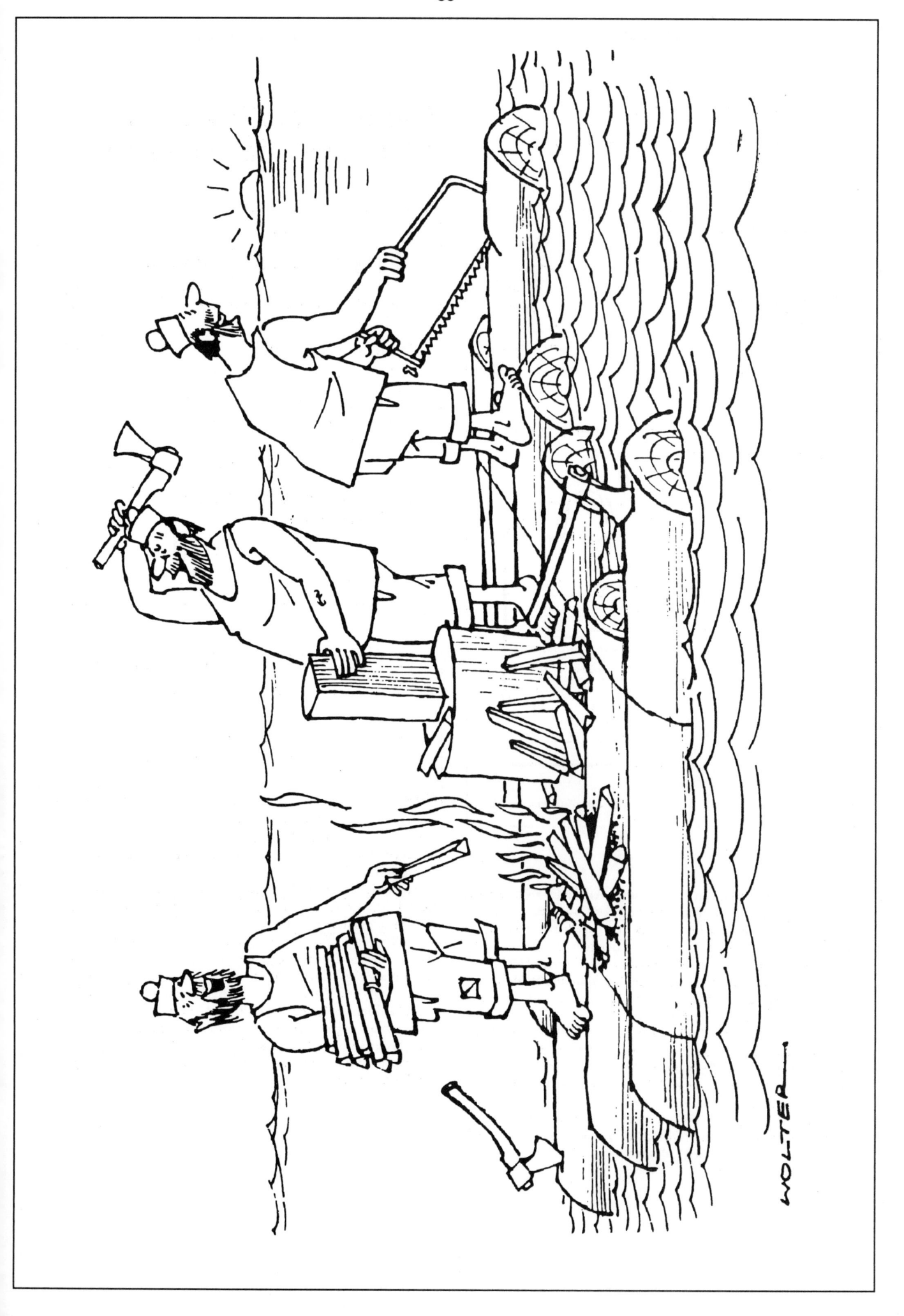

Getreide als Futter für das Vieh der Reichen

Weltgetreideproduktion

Für tierische Futtermittel **47%**

Von dem in diesen Ländern verfütterten Getreide könnte man soviel Menschen in der Welt zusätzlich ernähren

	Mio Menschen
Ganze Welt	2500
USA	560
Sowjetunion	504
Frankreich	75
Bundesrepublik	62
Mexiko	46
Österreich	13
Schweiz	6

Quelle: FAO © Strahm; Peter Hammer Verlag

Getreideverschwendung durch Fleischproduktion

Direkte Nahrung:

1 Kalorie in Getreide → 1 Kalorie in Brot

Indirekte Nahrung:

7 pflanzliche Kalorien (Getreide) → 1 tierische Kalorie (Fleisch, Eier, Milch)

Kalorienumsatz von Weizen bei Verwendung für:

Brot Direkte Nahrung	1:1		Schweinefleisch	3:1
Hühnerfleisch	12:1		Rindfleisch	10:1
Eier	4:1		Milch	5:1

Quelle: Cottrell © Strahm; Peter Hammer Verlag

Das Getreide, das weltweit als Viehfutter verwendet wird, würde, wenn es als menschliche Nahrung eingesetzt wäre, rund 2,5 Milliarden Menschen auf der Erde sattmachen. (In allen Entwicklungsländern ohne China leben rund 2,5 Milliarden Menschen.) Die *USA* allein könnten aus dem dort verfütterten Getreide 560 Millionen Menschen zusätzlich ernähren, die *Sowjetunion* 504 Millionen, die *Bundesrepublik* 62 Millionen, die *Schweiz* 6 Millionen und *Österreich* 13 Millionen Menschen.

Man könnte die gleichen Zahlen auch so ausdrücken: Wenn in den USA diese Getreidemengen nicht als Viehfutter eingesetzt würden, könnten für jeden *Nordamerikaner* 2 Menschen anderswo ernährt werden, für jeden *Sowjetbürger* 2, für jeden Deutschen 1, für jeden *Schweizer* 1 und für jeden *Österreicher* 2 Menschen.

Neben dem Futtergetreide werden auch Sojabohnen, Rückstände aus der Speiseölgewinnung (Ölkuchen) und Fischmehl dem Vieh verfüttert. Rund ein Viertel des weltweiten Fischfangs wird als Futtermittel verwendet.

Um 1 Kalorie an tierischer Nahrung wie Fleisch, Milch, Eier zu erzeugen, braucht es durchschnittlich 7 Kalorien an pflanzlichen Nahrungsmitteln.

Wenn Weizen direkt als Brot, Gebäck oder Teigwaren in die menschliche Ernährung geht, so ist das Verhältnis Weizenkalorien zu Nahrungskalorien 1:1.

Wenn Weizen als Futtermittel eingesetzt wird, so ist der Kalorienumsatz bei der Erzeugung von Schweinefleisch 3:1, das heißt, 2 von 3 Nahrungskalorien gehen verloren, sie dienen dem Erhaltungsbedarf des Tieres. Beim Hühnerfleisch ist das Verhältnis 12:1, bei Eiern 4:1, beim Rindfleisch 10:1 und bei Milch 5:1. Im Durchschnitt ergibt dies ein Verhältnis im Kalorienumsatz von 7:1. (1) Ernährungsphysiologisch und energetisch bringt also die Fleischproduktion eine riesige Verschwendung von Nahrungsmitteln des Menschen.

Soja-Anbau für das Vieh der Reichen statt Nahrungsmittel für die Armen

Anbau in Brasilien

Soja-Anbau für den Export 8,2 Mio ha = Zusatz-Kraftfutter für **40 Mio Schweine**

Gleiche Anbaufläche ergäbe mit:

Schwarzbohnen = Eiweiß für **35 Mio Brasilianer**

oder

Mais = Kalorienbedarf für **59 Mio Brasilianer**

Quelle: FAO © Strahm; Peter Hammer Verlag

Fleisch als Hunde- und Katzenfutter in reichen Ländern

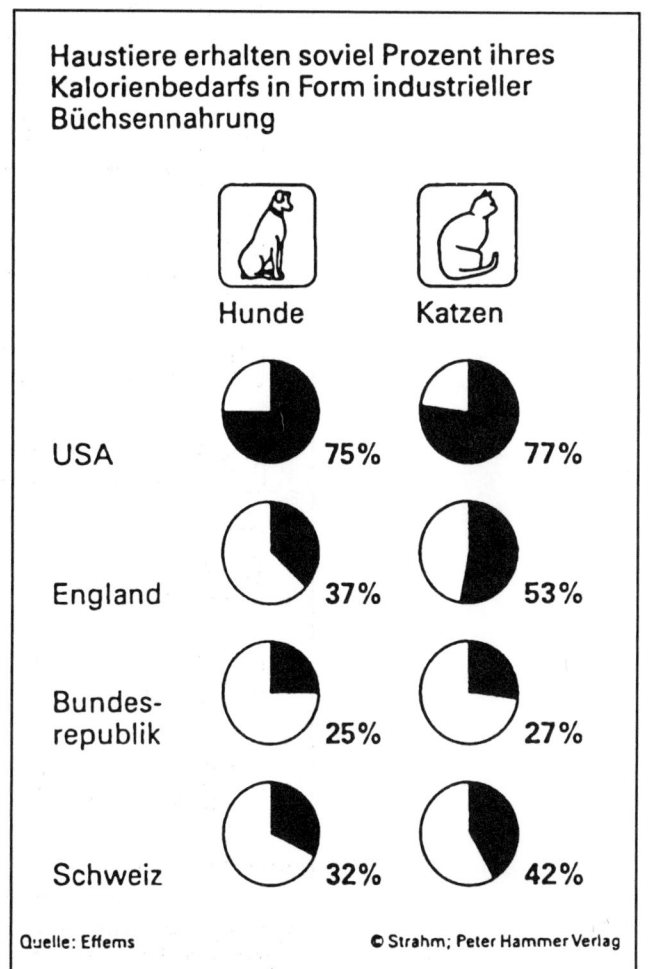

Haustiere erhalten soviel Prozent ihres Kalorienbedarfs in Form industrieller Büchsennahrung

	Hunde	Katzen
USA	75%	77%
England	37%	53%
Bundesrepublik	25%	27%
Schweiz	32%	42%

Quelle: Effems © Strahm; Peter Hammer Verlag

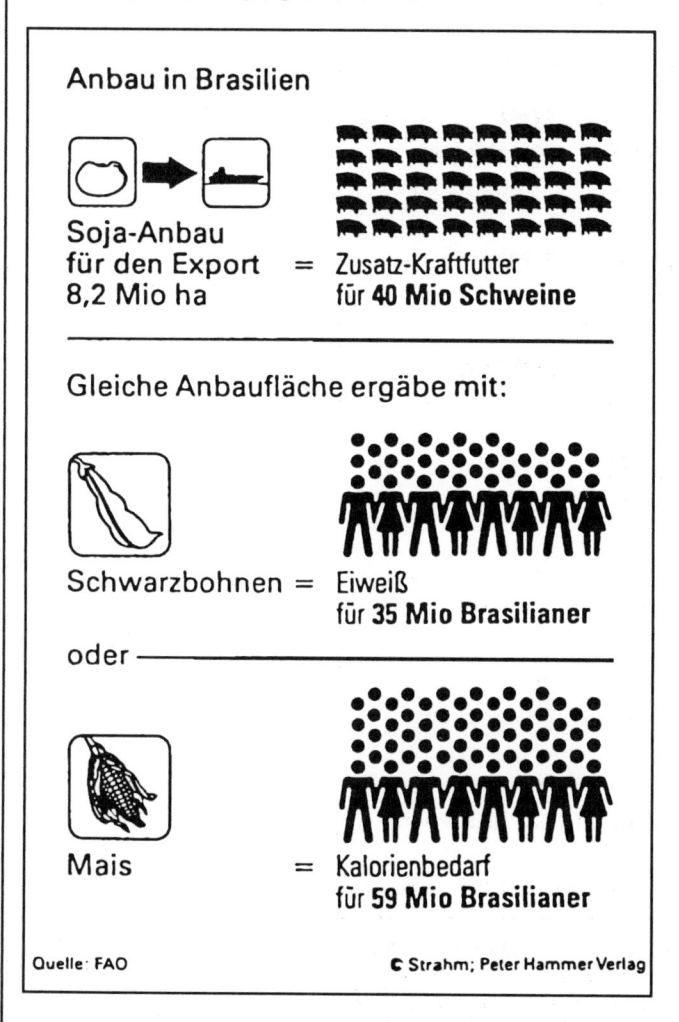

Der Anbau von Futtermitteln für den Export in die Industrieländer konkurriert mit der Produktion von Grundnahrungsmitteln der einheimischen Bevölkerung.
In *Brasilien* wurde 1982 auf einer Anbaufläche von 8,2 Millionen Hektar eine *Soja-Ernte* erzielt, die als Kraftfutter zur Mästung von 40 Millionen Schweinen ausreichte. Hätte Brasilien seine Soja-Anbaufläche für den Anbau von *Schwarzbohnen* benützt, die als Grundnahrungsmittel für die Armen gelten, so hätte der Eiweißbedarf von 35 Millionen Brasilianern voll gedeckt werden können. Mit dem *Mais-Anbau* auf der gleichen Fläche hätte der Kalorienbedarf von 59 Millionen Brasilianern gedeckt werden können. Bei ausgewogener Kombination von Mais und Bohnen hätten auf der Ackerfläche für Soja-Futtermittel realistischerweise 40 Millionen voll ernährt werden können.

Fleischimporte aus den Entwicklungsländern werden zusammen mit Überschüssen aus der Fleischproduktion der Industrieländer in den reichen Ländern als Konservennahrung für Hunde und Katzen verschwendet.
In den *USA* wurden 1981 nach Angaben der verarbeitenden Industrie bereits 75 % des Hunde- und 77 % des Katzennahrungsbedarfs mit industrieller Konservennahrung gedeckt. (1) Der Umsatz mit Hunde- und Katzennahrungskonserven beträgt in den USA 4 Milliarden Dollar, das sind 17 Dollar pro Amerikaner und Jahr.
In *Großbritannien* betrug die Versorgung mit industrieller Nahrung – meistens Fleisch – bei Hunden 37 und Katzen 53 %, in der *Bundesrepublik* 25 % bzw. 27 %, in der *Schweiz* 32 % bzw 42 %.
In Westeuropa wird der Markt von der Industrie und vom Handel als noch »wenig erschlossen« betrachtet, weshalb für eine intensive Werbung gesorgt wird.

Ackerbau statt Viehzucht liefert genügend Nahrung

1 Hektar Kulturland ernährt soviele Menschen

		Eiweiß	Kalorien
🥔	Kartoffeln	11 Menschen	17 Menschen
	Soja	11 Menschen	5 Menschen
	Weizen	5 Menschen	9 Menschen
	Gemüse	12 Menschen	5 Menschen
	Schweine	1½ Menschen	2 Menschen
	Vieh	2½ Menschen	2 Menschen
	Milch	1½ Menschen	1½ Menschen

Quellen: FAO / Holmes © Strahm; Peter Hammer Verlag

Wenn das Land zum Ackerbau verwendet wird (Anbau von Kartoffeln, Sojabohnen, Weizen, in Kombination mit Gemüse), lassen sich auf der gleichen Fläche 5–10mal mehr Menschen ernähren als bei der Fleisch- und Milchwirtschaft.

Mit einem Hektar *Kartoffeln* können 11 Menschen mit genügend Eiweißen und 17 Menschen mit genügend Kalorien versorgt werden. Dagegen kann man mit der *Viehzucht* nur 2½ Menschen proteinbezogen und 2 Menschen kalorienmäßig ernähren.

In *Europa* wurde die Ernährung der Bevölkerung während des 2. Weltkrieges mit Ackerbau-Produkten, namentlich Kartoffeln, sichergestellt. In der *Schweiz* ermöglichte der »Plan Wahlen« eine weitgehende kalorienmäßige Selbstversorgung, weil die Priorität auf den Anbau von Kartoffeln und Getreide gelegt wurde.

In *Entwicklungsländern* verdrängt heute die Viehwirtschaft die Produktion von Grundnahrungsmitteln.

Die Zukunftsperspektive für die Lösung des Welternährungsproblems liegt im *Anbau von Ackerbauprodukten für die Eigenversorgung in kleinen und mittelgroßen bäuerlichen Farmen*. Die Expansion der Großviehzucht nach europäischem oder amerikanischem Vorbild verschärft nur das Hungerproblem. Die Versorgung an tierischem Eiweiß kann in den Entwicklungsländern auch mit *Kleintieren und Eiern* billiger sichergestellt werden.

THEMA

Die Lage der Industrie- und Entwicklungsländer

LERNZIELE

Die Schüler sollen

- die Lage der Industriestaaten und der Entwicklungsländer auf der Weltkarte eintragen können.
- die Lage der Industriestaaten und Entwicklungsländer beschreiben können.
- anhand der thematischen Karte die Verbreitung des Hungers auf der Erde beschreiben können.

ARBEITSMITTEL/MEDIEN

Folie (versch. Länder), AB mit Folie, Folie (geogr. Begriffe),
Bild/Dia (Hungersnot), Dia-Reihe 10 0612: "Der Mensch in der Sahara"

TAFELBILD/FOLIE

Kinderspeisung in einer Armensiedlung (Slum) in Kalkutta (Indien).

Mangelernährung: Die Hirse, die von dieser Dori-Frau in Burkina Faso gesät wird, bringt vielleicht eine gute Ernte, vielleicht gar keine. Dürren vernichten immer wieder die Ernten.

HINWEISE/NOTIZEN

METHODE Unterrichtsstufe (Teil) Zielangabe und (Teil) Zusammenfassung Lehr / Lernakte . Medieneinsatz			LERNINHALTE (STOFF) Tafelanschrift (bzw. Folie)	ZEIT
I. HINFÜHRUNG:		Folie (Weltkarte)	L: legt Folie auf L: Die Länder der Erde können in fünf Welten eingeteilt werden!	
	Impuls		L: Du kannst diese Länder unter zwei Oberbegriffen zusammenfassen.	
			SS: Industriestaaten und Entwicklungsländer	
Zielangabe		TA	Die Lage der Industriestaaten und der Entwicklungsländer	
II. ERARBEITUNG:		AB	L: teilt AB aus	
	AA	Folie, AB (Weltkarte)	L: Trage die Industriestaaten in die Weltkarte ein!	
	LSG	OHP	SS: geben die Länder an und tragen auf der Folie ein.	
	AA/EA		L: Trage nun die Entwicklungsländer ein!	
	Impuls		L: Du kannst jetzt die Lage der Industriestaaten, bzw. der Entwicklungsländer beschreiben!	
			SS: IS: Nordamerika, Europa, Australien EL: Mittel- und Südamerika, Afrika, Naher Osten, Indien, Südostasien	
III. VERTIEFUNG:	AA	Folie	L: Beschreibe nun die Lage der IS/EL und verwende dabei folgende Begriffe: - Äquator - Nordhalbkugel - Südhalbkugel - Tropen/Subtropen - gemäßigtes Klima	
			SS: IS: In der gemäßigten Klimazone der Nordhalbkugel; auf der Südhalbkugel in Australien u. Südafrika EL: Zu beiden Seiten des Äquators in den tropischen und subtropischen Zonen.	
IV. SICHERUNG:	Eintrag AB			
V. AUSWEITUNG:	stummer Impuls	(Bild/ Dia)	L: zeigt Dia (Hunger)	
	Impuls		L: Du erkennst das Problem.	
			SS: Hungersnot in Afrika ...	
	AA	AB	L: Vergleiche nun die Lage der EL mit dem Hungergürtel der Erde!	
			SS: Der Hungergürtel der Erde umfaßt fast alle EL mit Ausnahme von China. Besonders schlimm ist es in der Sahel-Zone.	
		Dia-Reihe	"Der Mensch in der Sahara".	

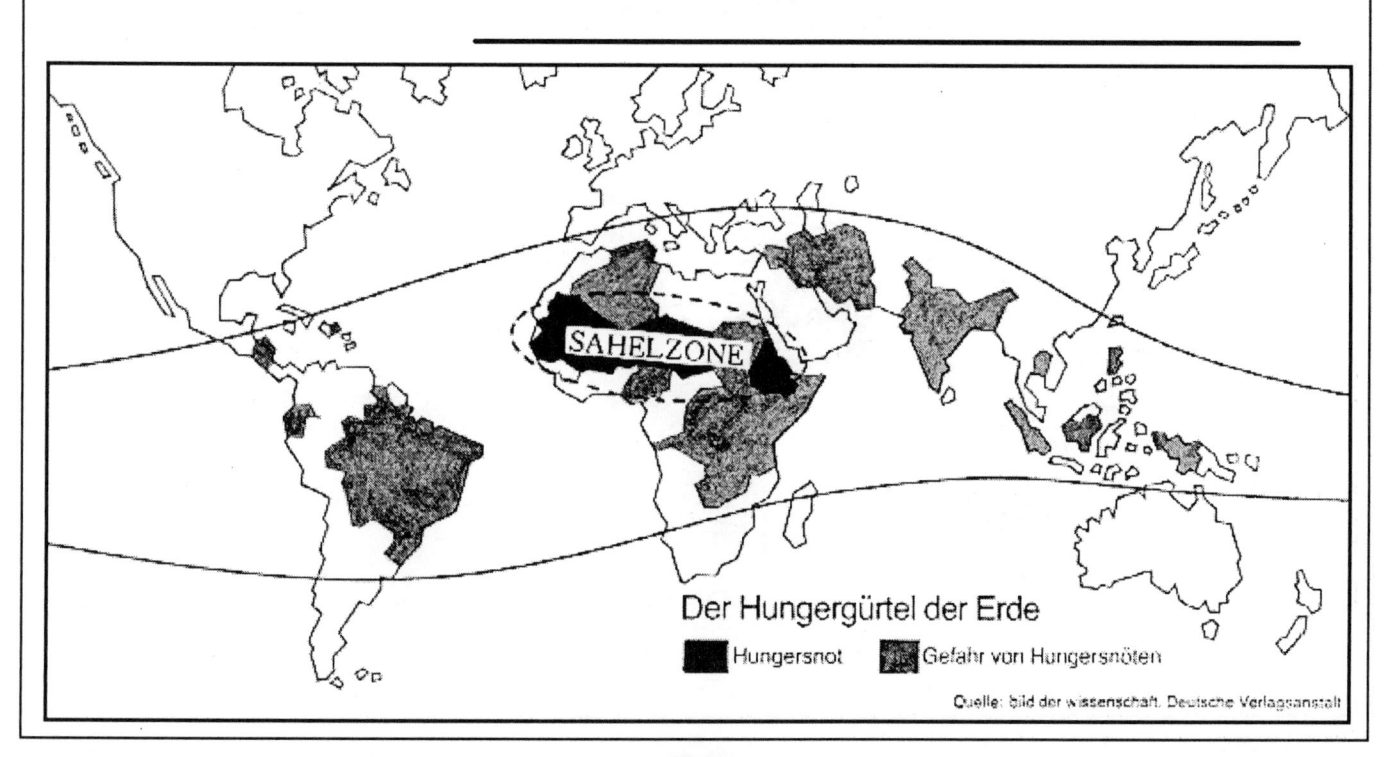

ERDKUNDE

NAME: _____ KLASSE: _____ DATUM: _____ NR.: ____

Die Lage der Industriestaaten und der Entwicklungsländer

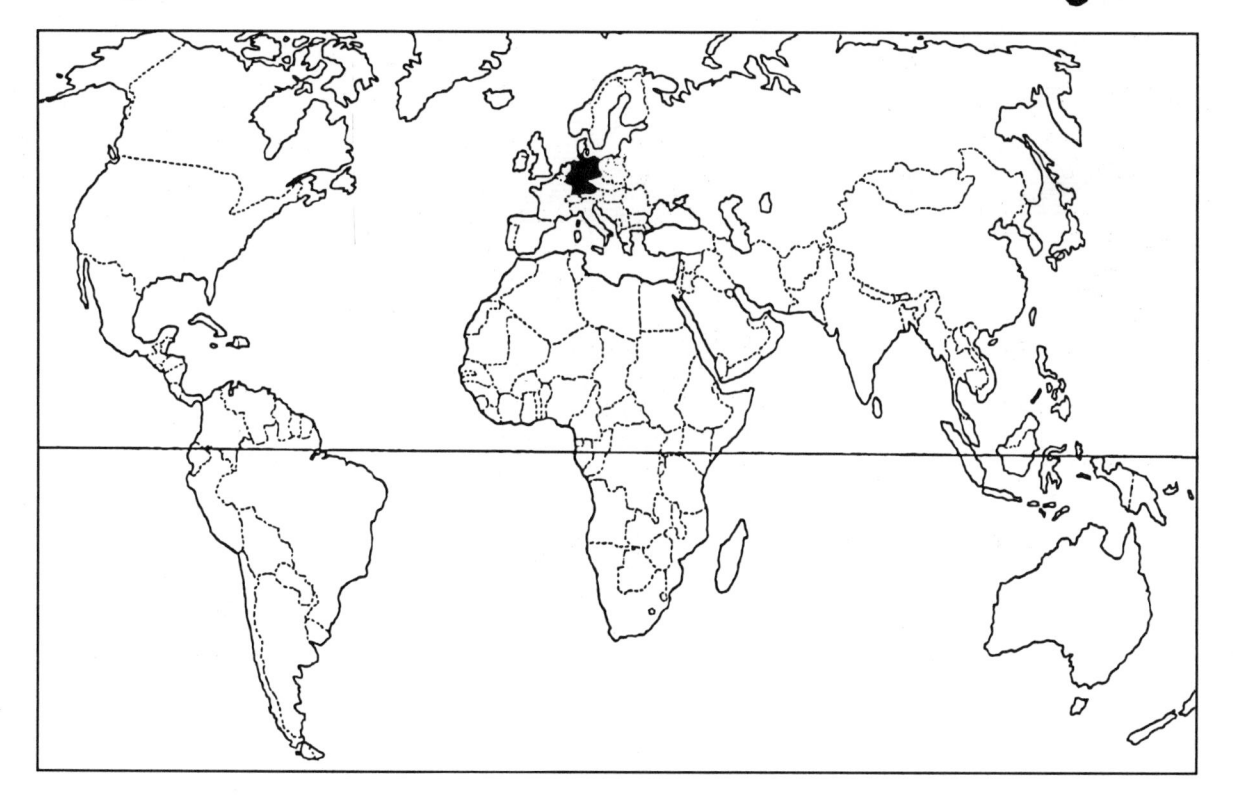

Industriestaaten: ▭

_____
_____
_____

Entwicklungsländer: ▨

_____
_____
_____
_____

Der Hungergürtel der Erde

■ Hungersnot   ▨ Gefahr von Hungersnöten

Quelle: bild der wissenschaft, Deutsche Verlagsanstalt

ERDKUNDE

NAME: _____ KLASSE: _____ DATUM: _____ NR.: _____

Die Lage der Industriestaaten und der Entwicklungsländer

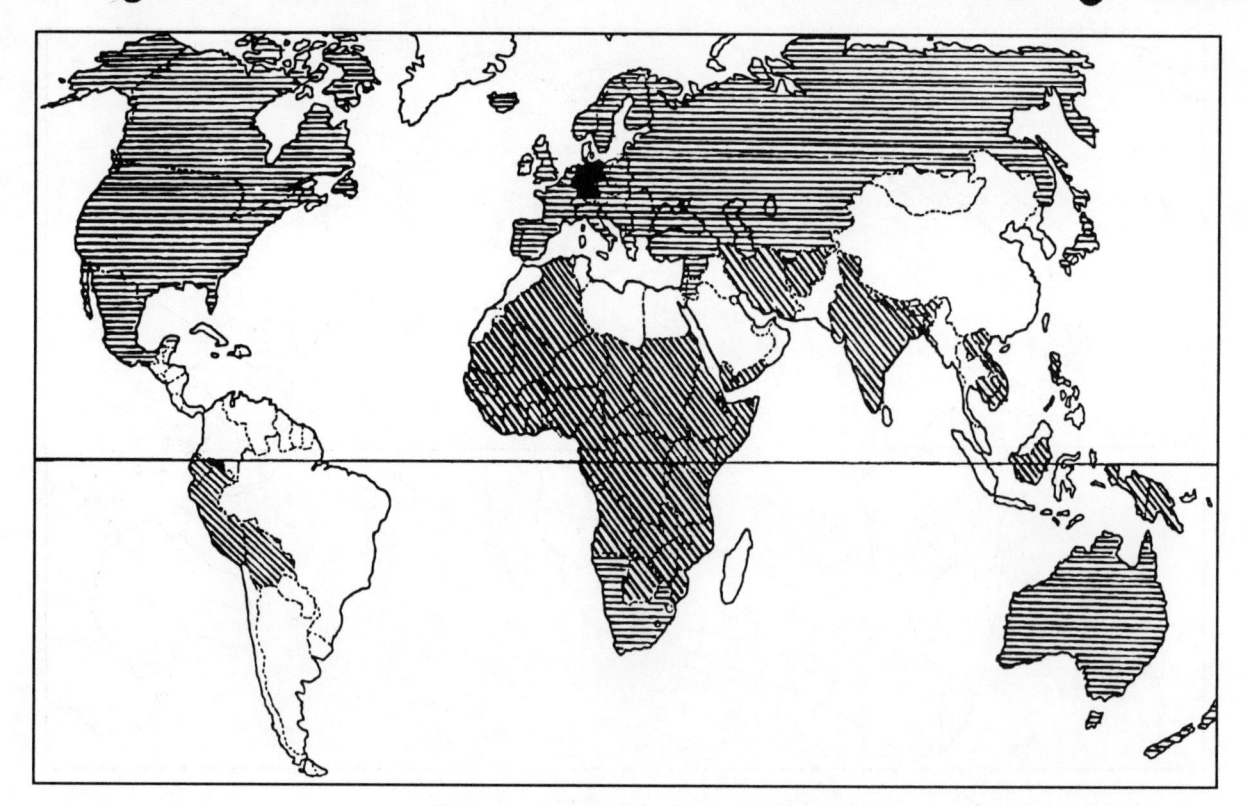

Industriestaaten:
▬▬▬

In der gemäßigten Klimazone der Nordhalbkugel; auf der Südhalbkugel in Australien und Südafrika.

Entwicklungsländer:
▨▨▨

Zu beiden Seiten des Äquators in den tropischen und subtropischen Zonen (Mittel- und Südamerika, fast ganz Afrika, Vorderasien, Indien, Ostasien).

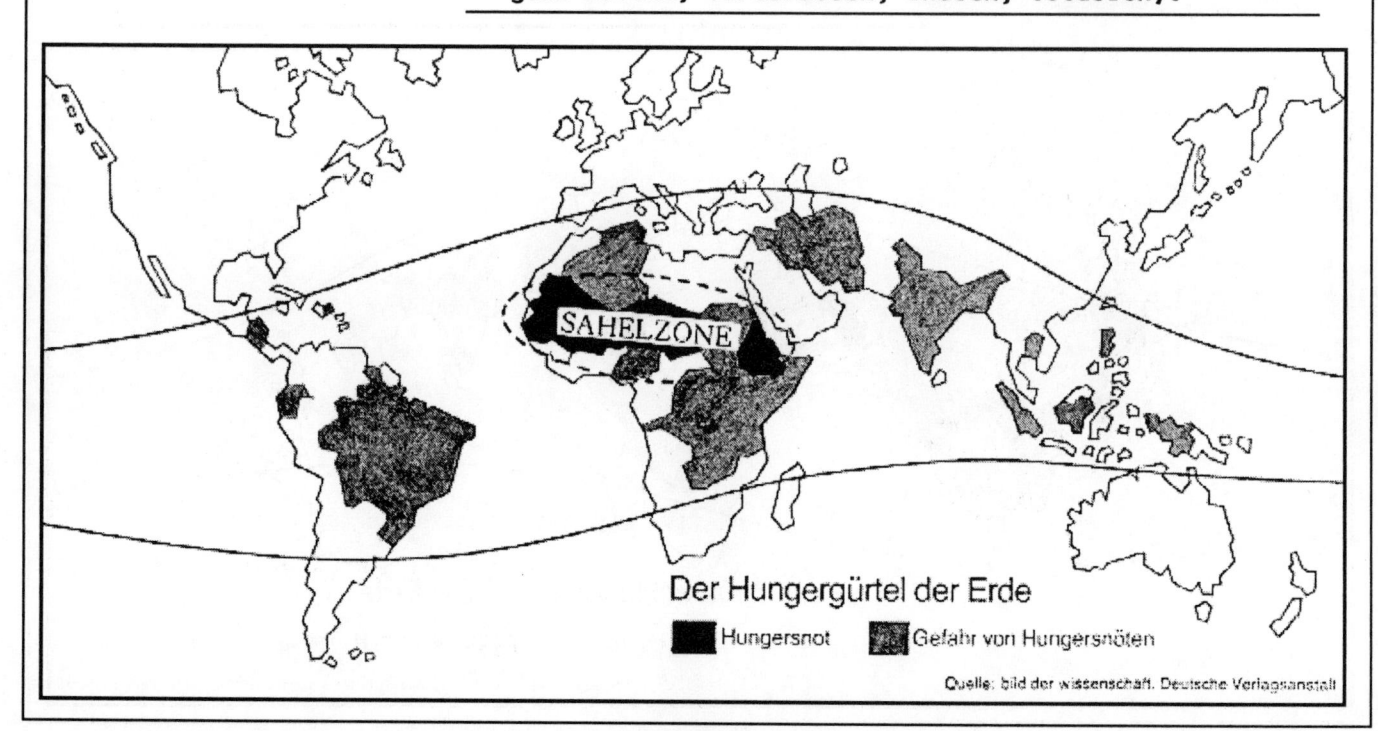

SAHELZONE

Der Hungergürtel der Erde
■ Hungersnot   ▨ Gefahr von Hungersnöten

Quelle: bild der wissenschaft, Deutsche Verlagsanstalt

63

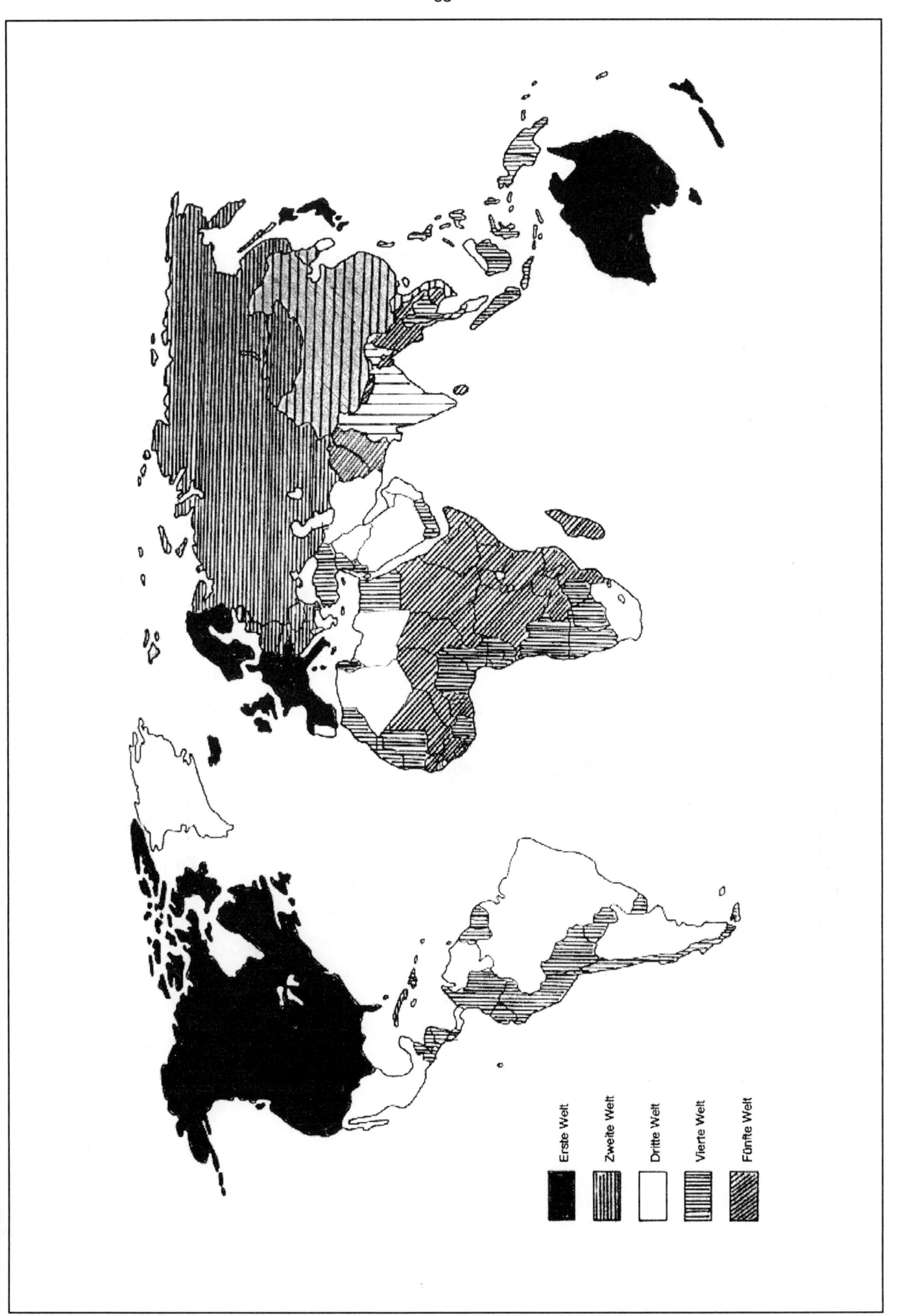

▮	Erste Welt
▥	Zweite Welt
▯	Dritte Welt
▦	Vierte Welt
▨	Fünfte Welt

Die Welt zwischen Hunger und Überfluß

Länder mit ...

■	wiederkehrenden Hungersnöten	1,0 Mrd Einwohner
▦	knapper Nahrung	0,3
▥	ausreichender Versorgung	1,9
□	Überfluß	1,4

BMZ

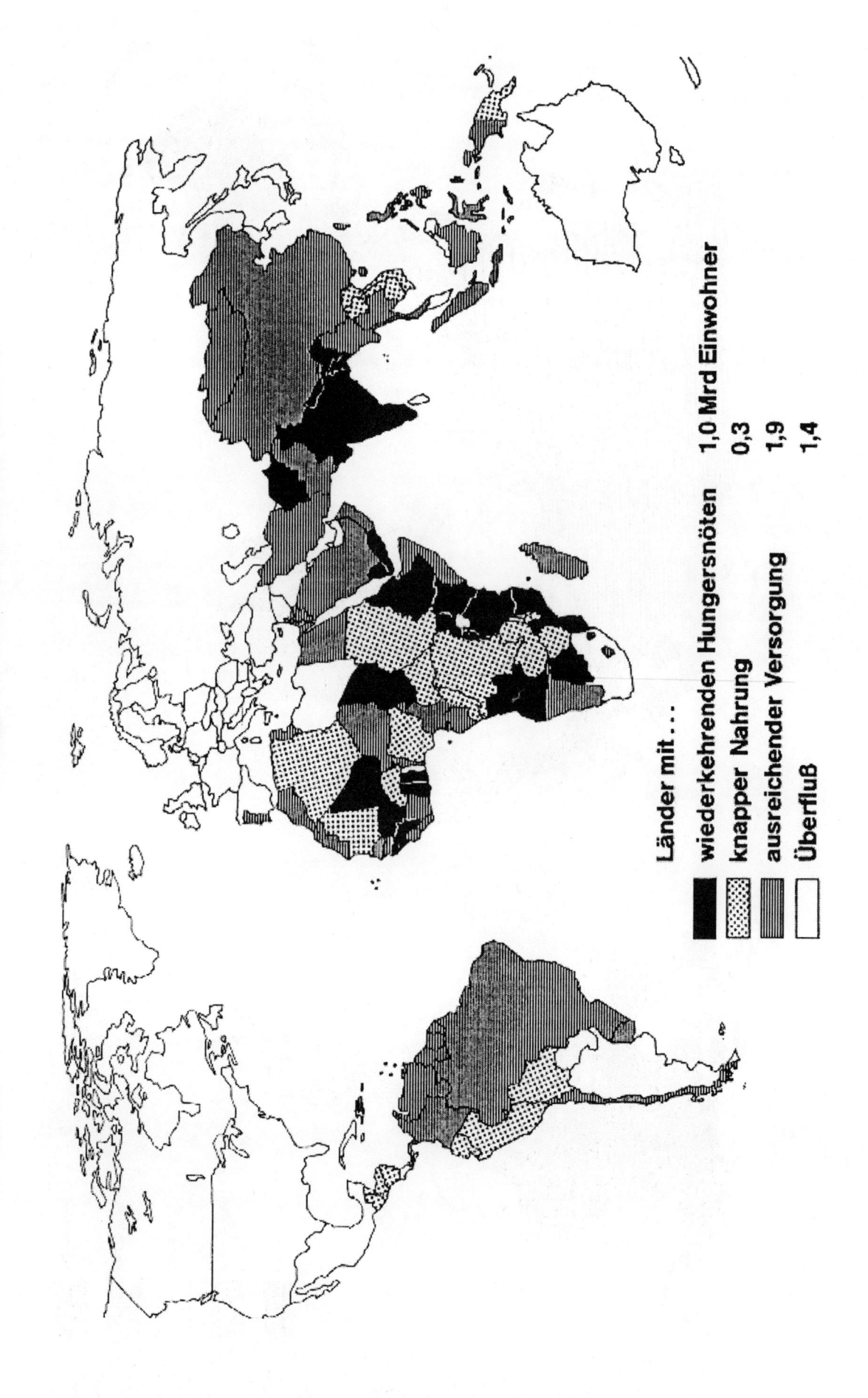

THEMA

Das **Nord-Süd-Gefälle**

LERNZIELE

Die Schüler sollen

- den Begriff "Nord-Süd-Gefälle" aufgrund von Schaubild und Texten klären können.
- Gründe für das Zustandekommen des Nord-Süd-Gefälles nennen können.

ARBEITSMITTEL/MEDIEN

2 Folien (Hinführung), AB mit Folie
2 Folien (Ausweitung)

Die Nord-Süd-Tagesordnung ist lang

METHODE Unterrichtsstufe (Teil) Zielangabe und (Teil) Zusammenfassung Lehr / Lernakte　Medieneinsatz			LERNINHALTE (STOFF) Tafelanschrift (bzw. Folie)	ZEIT
I. HINFÜHRUNG:				
Impuls			L: Wenn man sich mit Literatur beschäftigt, die das Thema "Entwicklungsländer" zum Inhalt hat, stößt man immer wieder auf einen ganz bestimmten Begriff.	
		2 Folien (Auszug aus Inhaltsübersicht/Nord-Süd-Tageso.)		
Zielangabe			SS: Das Nord-Süd-Gefälle	
II. ERARBEITUNG:				
Impuls			L: Wenn du dich daran erinnerst, was wir bereits über Industriestaaten und Entwicklungsländer gesagt haben, kannst du dir vorstellen, worum es sich bei diesem Begriff handelt.	
			SS: Norden ist reich, Industrie ... Süden ist arm, Entwicklungsl.	
AA/PA	AB		1. Erkläre das Schaubild! 2. Was versteht man unter dem Nord-Süd-Gefälle? 3. Nenne Ursachen des NSG!	
Auswertung			SS: 1. Norden: 1/5 der Weltbevölkerung 　　　　　3/4 des Einkommens 　　Süden: 4/5 der Weltbevölkerung 　　　　　1/4 des Einkommens	
			2. Ungleichgewicht zwischen Industriestaaten und Entwicklungsländern	
			3. Gründe: Kolonialismus 　　　　Klimabedingungen 　　　　Bodenverhältnisse 　　　　Bevölkerungsexplosion ...	
III. VERTIEFUNG:				
Ges.Wdhlg. Impuls			L: Du kannst das Nord-Süd-Gefälle anhand der Beispiele auf dem AB noch näher erläutern!	
			SS: Süden:　niedrige Lebenserwartung 　　　　viele Analphabeten 　　　　geringer Energieverbrauch	
IV. SICHERUNG:				
Eintrag AB				
V. AUSWEITUNG:				
		TLP Folie	Wieviel der Bauer im Entwicklungsland erhält	
		TLP Folie	Wachstum der Städte	
		TLP Folie	Pro-Kopf-Einkommen	
		TLP Folie	Die Vierte Welt	
Diskussion				

| ERDKUNDE | NAME: | KLASSE: | DATUM: | NR.: |

Zwei Welten

Im Norden...
(Industrieländer, Ostblock)
...lebten 1989 1,13 Mrd. Menschen
...mit 3/4 des Welteinkommens

Im Süden...
(Entwicklungsländer)
...lebten 1989 4,04 Mrd. Menschen
...mit 1/4 des Welteinkommens

Das Nord-Süd-Gefälle

Der Norden ist reich, der Süden arm. Im großen und ganzen stimmt das, wenn auch das Ausmaß an Armut nicht in allen Entwicklungsländern gleich ist. Eine der geschichtlichen Ursachen für diese Ungleichheiten in der Welt ist der Kolonialismus, die Jahrhunderte dauernde Versklavung und Ausbeutung vieler Länder in Amerika, Afrika und Asien durch Europa. Andere Ursachen sind: Ungünstige Klimabedingungen, widrige Bodenverhältnisse, die Bevölkerungsexplosion, fortschrittshemmende Traditionen, falsche Wirtschaftspolitik, Kriege, Bestechlichkeit und manches mehr.

Das Ungleichgewicht zwischen den reichen Industriestaaten und den armen Entwicklungsländern umschreibt man heute mit dem Begriff "Nord-Süd-Gefälle".

Im Norden:
_____
_____
_____
_____
_____
_____
_____
_____

Im Süden:
_____
_____
_____
_____
_____
_____
_____
_____
_____

Lit.: Partner Dritte Welt, S. 11

Nord-Süd

Erste und Dritte Welt
In der Dritten Welt leben fünfmal mehr Menschen als in der Ersten (den marktwirtschaftlichen Industrieländern des Westens). Die Erste Welt erwirtschaftet aber ein Sozialprodukt, das viermal so hoch ist wie das der Dritten. Das Sozialprodukt pro Kopf (ein grober Maßstab für den Wohlstand eines Landes) ist also in der Ersten Welt im Durchschnitt zwanzigmal höher als in der Dritten Welt.
Jeder Mensch in der Ersten Welt verbraucht zehnmal soviel kommerzielle Energie (das ist Energie, die man bezahlen muß) wie jemand in der Dritten Welt.
In der Dritten Welt kommt im Durchschnitt ein Arzt auf 4600 Menschen, in der Ersten auf 450. Ein Mensch der Dritten Welt hat eine Lebenserwartung von 62 Jahren, ein Mensch der Ersten Welt lebt in der Regel 14 Jahre länger.
In der Dritten Welt sterben von 1000 Säuglingen 71 vor ihrem ersten Geburtstag, in der Ersten neun.
Jedem Menschen in der Ersten Welt stehen statistisch rund 3400 Kilokalorien pro Tag an Nahrung zur Verfügung, jedem Menschen in der Dritten etwa 2500.
So viele Menschen, wie insgesamt in der Ersten Welt leben, so viele haben in der Dritten keine Möglichkeit, zur Schule zu gehen, haben keine menschenwürdige Wohnung, haben nicht genug zu essen, haben kein geregeltes Einkommen.

© pb-verlag puchheim

ERDKUNDE

Zwei Welten

Im Norden... (Industrieländer, Ostblock) ...lebten 1989 1,13 Mrd. Menschen

...mit 3/4 des Welteinkommens

Im Süden... (Entwicklungsländer) ...lebten 1989 4,04 Mrd. Menschen

...mit 1/4 des Welteinkommens

Das Nord-Süd-Gefälle

Der Norden ist reich, der Süden arm. Im großen und ganzen stimmt das, wenn auch das Ausmaß an Armut nicht in allen Entwicklungsländern gleich ist. Eine der geschichtlichen Ursachen für diese Ungleichheiten in der Welt ist der Kolonialismus, die Jahrhunderte dauernde Versklavung und Ausbeutung vieler Länder in Amerika, Afrika und Asien durch Europa. Andere Ursachen sind: Ungünstige Klimabedingungen, widrige Bodenverhältnisse, die Bevölkerungsexplosion, fortschrittshemmende Traditionen, falsche Wirtschaftspolitik, Kriege, Bestechlichkeit und manches mehr.

Das Ungleichgewicht zwischen den reichen Industriestaaten und den armen Entwicklungsländern umschreibt man heute mit dem Begriff "Nord-Süd-Gefälle".

Im Norden:

Auf der Nordhalbkugel (Industrieländer, Ostblock) lebt etwa 1/5 der Weltbevölkerung mit rund 3/4 des gesamten Welteinkommens.

Im Süden:

Auf der Südhalbkugel (Entwicklungsländer) leben ca. 4/5 der Weltbevölkerung. Dieser Teil verfügt aber nur über 1/4 des gesamten Welteinkommens.

Lit.: Partner Dritte Welt, S. 11

Nord-Süd

Erste und Dritte Welt
In der Dritten Welt leben fünfmal mehr Menschen als in der Ersten (den marktwirtschaftlichen Industrieländern des Westens). Die Erste Welt erwirtschaftet aber ein Sozialprodukt, das viermal so hoch ist wie das der Dritten. Das Sozialprodukt pro Kopf (ein grober Maßstab für den Wohlstand eines Landes) ist also in der Ersten Welt im Durchschnitt zwanzigmal höher als in der Dritten Welt.
Jeder Mensch in der Ersten Welt verbraucht zehnmal soviel kommerzielle Energie (das ist Energie, die man bezahlen muß) wie jemand in der Dritten Welt.
In der Dritten Welt kommt im Durchschnitt ein Arzt auf 4600 Menschen, in der Ersten auf 450. Ein Mensch der Dritten Welt hat eine Lebenserwartung von 62 Jahren, ein Mensch der Ersten Welt lebt in der Regel 14 Jahre länger.
In der Dritten Welt sterben von 1000 Säuglingen 71 vor ihrem ersten Geburtstag, in der Ersten neun.
Jedem Menschen in der Ersten Welt stehen statistisch rund 3400 Kilokalorien pro Tag an Nahrung zur Verfügung, jedem Menschen in der Dritten etwa 2500.
So viele Menschen, wie insgesamt in der Ersten Welt leben, so viele haben in der Dritten keine Möglichkeit, zur Schule zu gehen, haben keine menschenwürdige Wohnung, haben nicht genug zu essen, haben kein geregeltes Einkommen.

Wieviel der Bauer im Entwicklungsland erhält

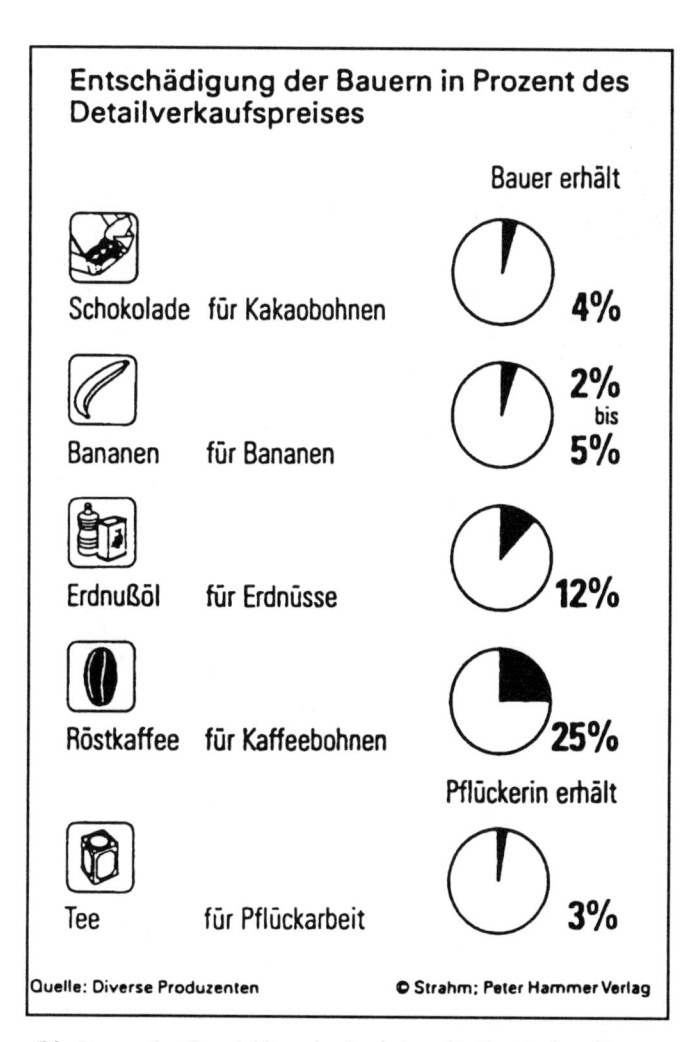

Entschädigung der Bauern in Prozent des Detailverkaufspreises

Bauer erhält:
- Schokolade für Kakaobohnen — 4%
- Bananen für Bananen — 2% bis 5%
- Erdnußöl für Erdnüsse — 12%
- Röstkaffee für Kaffeebohnen — 25%

Pflückerin erhält:
- Tee für Pflückarbeit — 3%

Quelle: Diverse Produzenten © Strahm; Peter Hammer Verlag

Die Bauern im Entwicklungsland erhalten für ihre Rohstoffe nur einen kleinen Bruchteil des Ladenverkaufspreises in den reichen Ländern. Bereits im Entwicklungsland werden die Rohproduktepreise durch Steuern und Abgaben der Regierung meist verdoppelt.

Nur 4–5 % des Ladenpreises von *Schokolade* in Europa gehen als Entgelt für die Kakaobohnen an den Bauern an der Elfenbeinküste.

Nur 2 bis 5 % des europäischen Endverkaufspreises von *Bananen*, je nach Produzentenland, erhält der Kleinbauer oder der Landarbeiter auf den Bananenplantagen von der Bananengesellschaft. Wenn man alle im Produzentenland anfallenden Kosten (Chemie, Dünger, Steuern, Transport) hinzurechnet, bleiben 11,5 % des Detailhandelspreises im Exportland. (2)

12 % des Ladenpreises für *Erdnußöl* erhält der Bauer in Senegal für die Erdnüsse. (3)

Bei *geröstetem Kaffee* halten die Kaffeebauern in Südamerika und Afrika durchschnittlich 25 % des Ladenverkaufspreises. (4)

Für den *Schwarztee* erhält die Teepflückerin in Sri Lanka maximal 3 % des europäischen Verkaufspreises. Der Plantagenbesitzer erhält weitere 6,5 % für seine Investitionen und für den Verarbeitungsprozeß. Der Staat erhebt weitere 6 % als Exportsteuer. (5)

Die Ausbeutung der Bauern beginnt schon im Entwicklungsland. Durch staatliche Organe mit alleinigem Abnahmerecht für die landwirtschaftlichen Produkte (Monopole, Coffee Boards, Cocoa Boards) oder durch Sonderabgaben werden die Produktepreise im Entwicklungsland selber schon verteuert.

Das Wachstum der Städte

	1960	1970	1975	2000 (Schätzung)
	Mill. Einwohner			
Kalkutta	5,5	6,9	8,1	19,7
Mexico City	4,9	8,6	10,9	31,6
Groß-Bombay	4,1	5,8	7,1	19,1
Groß-Kairo	3,7	5,7	6,9	16,4
Djakarta	2,7	4,3	5,6	16,9
Seoul	2,4	5,4	7,3	18,7
Delhi	2,3	3,5	4,5	13,2
Manila	2,2	3,5	4,4	12,7
Teheran	1,9	3,4	4,4	13,8
Karatschi	1,8	3,3	4,5	15,9
Bogota	1,7	2,6	3,4	9,5
Lagos	0,8	1,4	2,1	9,4

Global 2000. Der Bericht an den Präsidenten, Washington 1980, S. 44

Inhalt

DIE SITUATION

3 Der ungesunde Menschenverstand

4 Höllen und Paradiese
Armut und Anmut der Dritten Welt

4 Verurteilt zum Tode?

6 Die Staaten der Erde

8 Was ist ein Entwicklungsland?
Neun Merkmale

10 Was heißt Bruttosozialprodukt?

11 Das Nord-Süd-Gefälle
das Ungleichgewicht zwischen Industrie- und Entwicklungsländern

Dritte Welt

Gleichberechtigte Partnerschaft
China
Nord-Süd-Dialog
Bevölkerungsexplosion
Ölpreisexplosion

Pro-Kopf-Einkommen der Industrie- und Entwicklungsländer 1985

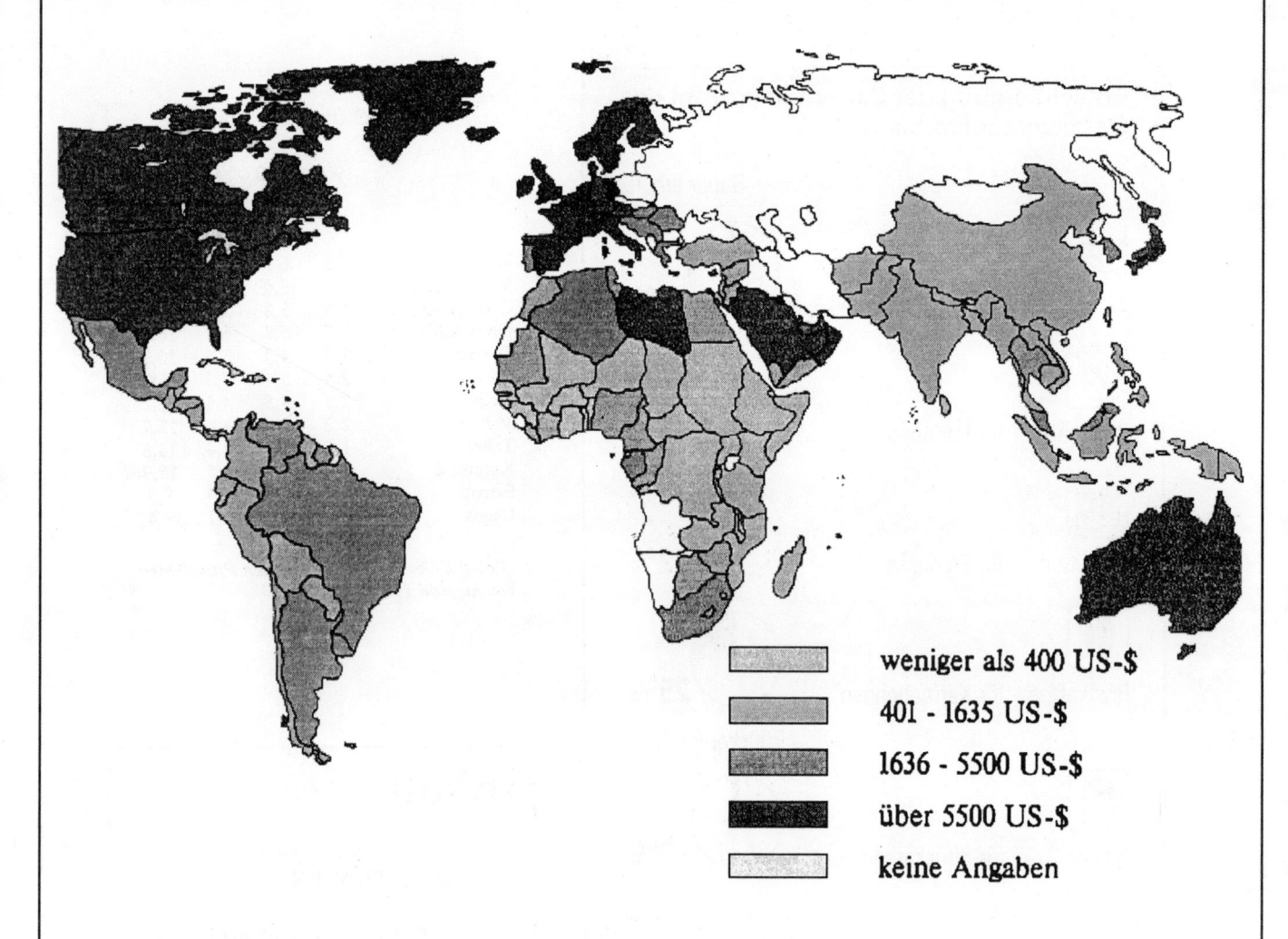

- weniger als 400 US-$
- 401 - 1635 US-$
- 1636 - 5500 US-$
- über 5500 US-$
- keine Angaben

Quelle: BMZ (Hrsg.), Politik der Partner 1987, Bonn 1987, Seite 30.

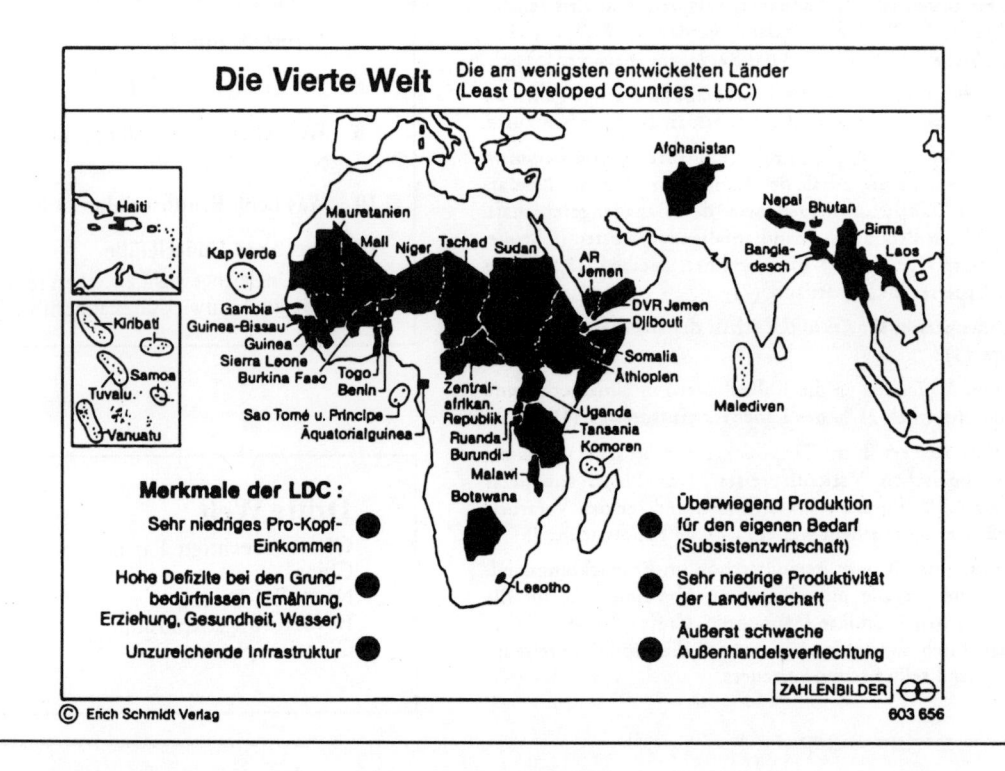

Die Vierte Welt
Die am wenigsten entwickelten Länder (Least Developed Countries – LDC)

Länder: Haiti, Kap Verde, Kiribati, Tuvalu, Samoa, Vanuatu, Mauretanien, Mali, Niger, Tachad, Sudan, AR Jemen, Afghanistan, Nepal, Bhutan, Bangladesch, Birma, Laos, Gambia, Guinea-Bissau, Guinea, Sierra Leone, Burkina Faso, Togo, Benin, Sao Tomé u. Principe, Äquatorialguinea, Zentralafrikan. Republik, Ruanda, Burundi, Uganda, Tansania, Komoren, DVR Jemen, Djibouti, Somalia, Äthiopien, Malediven, Malawi, Botswana, Lesotho

Merkmale der LDC:
- Sehr niedriges Pro-Kopf-Einkommen
- Hohe Defizite bei den Grundbedürfnissen (Ernährung, Erziehung, Gesundheit, Wasser)
- Unzureichende Infrastruktur
- Überwiegend Produktion für den eigenen Bedarf (Subsistenzwirtschaft)
- Sehr niedrige Produktivität der Landwirtschaft
- Äußerst schwache Außenhandelsverflechtung

© Erich Schmidt Verlag

Lernzielkontrolle: Industrie- und Entwicklungsländer

1. Beschreibe die Lage der Industrie- und Entwicklungsländer auf der Weltkarte!
2. Was versteht man unter dem sog. "Nord-Süd-Gefälle"?
3. Beschreibe den Unterschied zwischen Industriestaaten und Entwicklungsländern in den Bereichen "Lebenserwartung", "Analphabetentum" und "Energieverbrauch"!
4. Nenne 5 Merkmale eines Entwicklungslandes!
5. Zeichne den sog. "Teufelskreis der Armut"!
6. Wo sollte man die Hilfe für diese Länder ansetzen, um diesen Teufelskreis zu durchbrechen?
7. Beschreibe den Unterschied zwischen Industriestaaten und Entwicklungsländern durch einen Vergleich in den folgenden Bereichen: Bevölkerungswachstum, medizinische Versorgung, Lebenserwartung.
8. Warum sind Entwicklungsländer und Industriestaaten voneinander abhängig?
9. Nenne 6 Möglichkeiten der Entwicklungshilfe!
10. Beschreibe eine dieser Möglichkeiten ausführlicher!
11. Wie heißt das oberste Ziel der Entwicklungspolitik?
12. Was will man damit sagen?
13. Aus welchen Berufen kommen Entwicklungshelfer (5 Bsp.)?
14. Wie sieht die Tätigkeit eines Entwicklungshelfers aus?
15. Warum haben die Industriestaaten und Entwicklungsländer den sog. "Null-Komma-Sieben-Plan" beschlossen?
16. Was beinhaltet dieser Plan?
17. Wurde das Ziel dieses Plans bisher erreicht?
18. Welche Rolle spielt in diesem Zusammenhang die Bundesrepublik Deutschland?
19. Trage die Lage der Entwicklungsländer und Industriestaaten in die Weltkarte ein!
20. Nenne jeweils 2 Institutionen der Bundesrepublik Deutschland, die Entwicklungsarbeit durchführen aus den folgenden Bereichen:
    a) staatliche Institutionen
    b) kirchliche Institutionen
    c) politische Stiftungen
    d) sonstige private Institutionen
21. Beschreibe das folgende Schaubild (Bedenkliches Ungleichgewicht)!
22. Welche Länder sind maßgeblich an den Waffenlieferungen in die Dritte Welt beteiligt?
23. Beschreibe eines der Probleme, die sich daraus ergeben können!

Literaturhinweise

Auswärtiges Amt (Hrsg.): *Dritte Welt*. Materialien zur Politik der Bundesrepublik Deutschland, Dokumentation, Bonn 1979 (Reihe: Berichte und Dokumentationen 15), 317 S.

    Breite, gutgegliederte Dokumentensammlung, die Erklärungen der EG und der Entwicklungsländer einbezieht.

Braun, Gerald: *Nord-Süd-Konflikt und Entwicklungspolitik*, Westdeutscher Verlag, Opladen 1985, 332 S.

    Eine allgemeinverständliche Einführung in die politischen, wirtschaftlichen und militärischen Aspekte des Nord-Süd-Konflikts.

Bundesministerium für wirtschaftliche Zusammenarbeit (Hrsg.): *Journalisten-Handbuch Entwicklungspolitik 1988*, Bonn 1988, 294 S.

    Gute Quelle für aktuelle Grundinformationen mit Adressenteil für Erschließung weiterer Informationen. Jährlich neu herausgegeben.

ders.: *Siebenter Bericht zur Entwicklungspolitik der Bundesregierung*, Bonn 1988, 168 S.

    Materialreiche Positionsbestimmung aus Sicht der Bundesregierung.

ders.: *Politik der Partner*. Aufgaben, Bilanz und Chancen der deutschen Entwicklungspolitik, Bonn, 8., überarbeitete Auflage 1987, 204 S.

    Einfachere Einführung aus Sicht der Regierung mit gutem Datenangebot (u. a. Strukturdaten der einzelnen Entwicklungsländer).

Elsenhans, Hartmut: *Nord-Süd-Beziehungen*. Geschichte – Politik – Wirtschaft. Kohlhammer-Verlag, Stuttgart u. a. 1984 (Urban Taschenbücher Nr. 365), 142 S.

    Knappe, gleichwohl inhaltlich und gedanklich ausgreifende und anregende Analyse der Nord-Süd-Beziehungen.

Erler, Brigitte: *Tödliche Hilfe*. Bericht von meiner letzten Dienstreise in Sachen Entwicklungshilfe, Dreisam-Verlag, Freiburg, 11. Auflage 1988, 106 S.

    Bewußt subjektiv gehaltene, zugespitzte Grundsatzkritik einer ehemaligen Mitarbeiterin an der Entwicklungshilfe des BMZ, die ein breites Medienecho ausgelöst hat.

Grimm, Klaus: *Theorien der Unterentwicklung und Entwicklungsstrategien*. Eine Einführung, Westdeutscher Verlag, Opladen 1979 (Studienbücher zur Sozialwissenschaft 38), 242 S.

    Klare, gutlesbare Einführung.

Grubbe, Peter: *Dritte Welt, was ist das?* Peter Hammer Verlag, Wuppertal 1987, 186 S.

    Grundlagenmaterial zur politischen Bildungsarbeit, das sich mit Entwicklungsproblemen befaßt.

Informationszentrum Dritte Welt (Hrsg.): *Entwicklungspolitik – Hilfe oder Ausbeutung?* Informationszentrum Dritte Welt, Freiburg, 8., überarbeitete Auflage 1984, 384 S.

    Grundlegende, breitangelegte Kritik der deutschen Entwicklungspolitik verbunden mit der Diskussion alternativer Ansätze.

Jahrbuch Dritte Welt 1987, Beck Verlag, München 1987, 243 S.

    Informiert in Übersichten und Einzelbeiträgen über die wichtigsten Ereignisse, Tendenzen und Probleme der Entwicklungsländer im Berichtsjahr.

Kaiser, Martin, Wagner, Norbert: *Entwicklungspolitik*. Grundlagen – Probleme – Aufgaben, 2., aktualisierte Auflage, Bonn 1988 (Schriftenreihe der Bundeszentrale für politische Bildung Bd. 239), 392 S.

    Solide, differenzierte und materialreiche Einführung mit Schwerpunkt Entwicklungsökonomie.

Matthies, Volker: *Neue Weltwirtschaftsordnung*. Hintergründe – Positionen – Argumente, Leske Verlag + Budrich, Opladen 1980 (Reihe: Analysen 27), 137 S.

    Solide, verständliche Analyse verbunden mit einem Materialienteil.

Myrdal, Gunnar: *Politisches Manifest über die Armut in der Welt*, Suhrkamp Verlag, Frankfurt 1970, 497 S.

    Breitangelegte, anregende Kritik der entwicklungspolitischen Bemühungen der Nachkriegszeit, basierend auf der dreibändigen Studie „Asian Drama".

Nohlen, Dieter (Hrsg.): *Lexikon Dritte Welt*, Rowohlt Taschenbuch Verlag, Reinbek 1984, 638 S.

    Empfehlenswertes einfaches Nachschlagewerk, das in etwa 750 Artikeln in kompakter Form den Gesamtbereich Dritte Welt, Nord-Süd-Konflikt behandelt.

Nohlen, Dieter, Waldmann, Peter (Hrsg.): *Dritte Welt*. Gesellschaft – Kultur – Entwicklung. Pipers Wörterbuch zur Politik Bd. 6, Piper-Verlag, München, Zürich 1987, 753 S.

    Wissenschaftlich anspruchsvolles Wörterbuch.

Nohlen, Dieter, Nuscheler, Franz, (Hrsg.): *Handbuch der Dritten Welt*, Bd. 1 Unterentwicklung und Entwicklung: Theorien – Strategien – Indikatoren, Hoffmann und Campe, Hamburg, 2., überarbeitete und ergänzte Auflage 1982, 527 S.

    Anspruchsvolles Standardwerk. Auch die Regionalbände (2–8) sind für die Beschäftigung mit einzelnen Ländern oder Regionen wichtig.

Nuscheler, Franz (Hrsg.): *Politikwissenschaftliche Entwicklungsländerforschung*, Wissenschaftliche Buchgesellschaft, Darmstadt 1986, 475 S.

    Anspruchsvolle Aufsatzsammlung, die einen guten Überblick über die Entwicklung der politikwissenschaftlichen Entwicklungsländerforschung ermöglicht.

ders.: *Lern- und Arbeitsbuch Entwicklungspolitik*, Verlag Neue Gesellschaft, Bonn, 2., völlig überarbeitete und aktualisierte Auflage 1987, 360 S.

    Sehr gut lesbare, engagierte und meinungsfreudige Einführung mit breitem Themenspektrum.

Opitz, Peter, J. (Hrsg.): *Weltprobleme*. Mit einem Geleitwort von Kurt Waldheim, München 1982 (Schriftenreihe der Bundeszentrale für politische Bildung Bd. 188), 391 S.

    Aufsatzsammlung, in der wichtige Weltprobleme unter besonderer Berücksichtigung der Vereinten Nationen behandelt werden.

Senghaas, Dieter: *Weltwirtschaftsordnung und Entwicklungspolitik*. Plädoyer für Dissoziation, Suhrkamp Verlag, Frankfurt 1977, 357 S.

    Engagierte Kritik der Weltwirtschaftsordnung und der Neuordnungsvorstellungen mit der Perspektive Abkoppelung und autozentrierte Entwicklung für die Dritte Welt.

Tévoédjrè, Albert: *Armut – Reichtum der Völker*, Jugenddienst-Verlag, Wuppertal 1980, 214 S.

    Anregende Kritik des vorherrschenden Lebensstils von einem Autor aus der Dritten Welt, der als Beamter internationaler Organisationen die westliche Welt gut kennt.

Unabhängige Kommission für internationale Entwicklungsfragen: *Das Überleben sichern*. Gemeinsame Interessen der Industrie- und Entwicklungsländer. Bericht der Nord-Süd-Kommission. Mit einer Einleitung des Vorsitzenden Willy Brandt, Kiepenheuer & Witsch, Köln 1980, 380 S.

    Bestandsaufnahme und Empfehlungen unter der Perspektive, den Nord-Süd-Dialog wiederzubeleben.

dies.: *Hilfe in der Weltkrise*. Ein Sofortprogramm. Der zweite Bericht der Nord-Süd-Kommission. Herausgegeben und eingeleitet von Willy Brandt, Rowohlt Taschenbuch Verlag, Reinbek 1983 (ro ro ro aktuell Bd. 5238), 171 S.

    Folgebericht als Ergebnis einer verschärften Krisendiagnose.

Weltbank: *Weltentwicklungsbericht 1988*, Washington 1988, 362 S. (vertrieben in Deutschland von der Deutschen Gesellschaft für die Vereinten Nationen, Simrockstr. 23, 5300 Bonn), Uno-Verlag, Bonn.

    Unverzichtbar als Datenquelle. Erscheint jährlich im Herbst mit wechselnden Schwerpunktthemen.

Woyke, Wichard (Hrsg.): *Handwörterbuch Internationale Politik*, Leske Verlag + Budrich, Opladen, 3., aktualisierte und erweiterte Auflage 1986 (UTB 702), 544 S.

    Verständliche, aktuelle Einführung in die internationale Politik in lexikalischer Form.

Unser Mathematikprogramm:

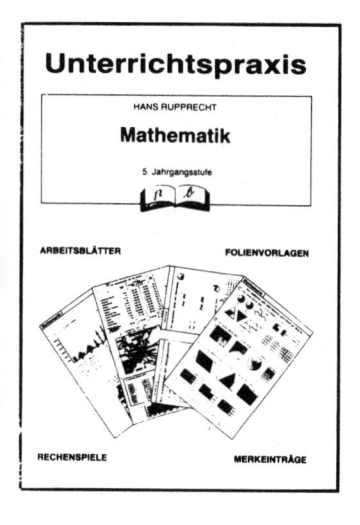

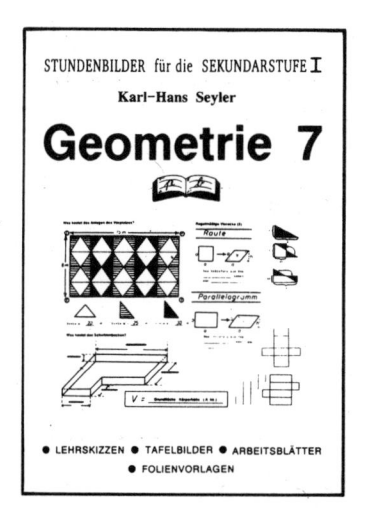

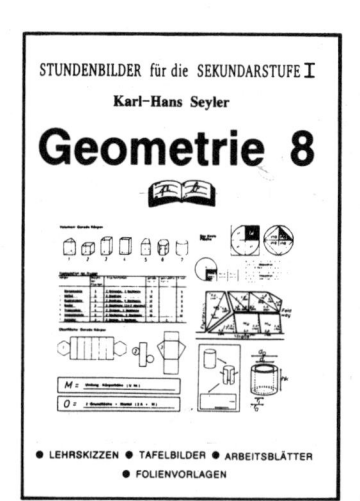

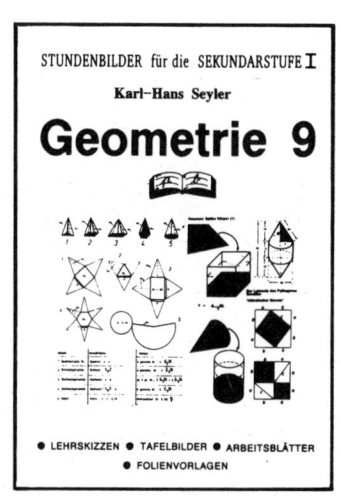

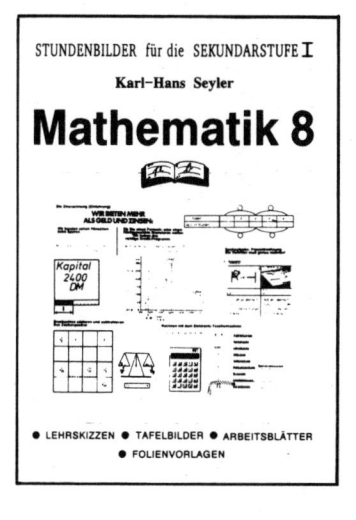

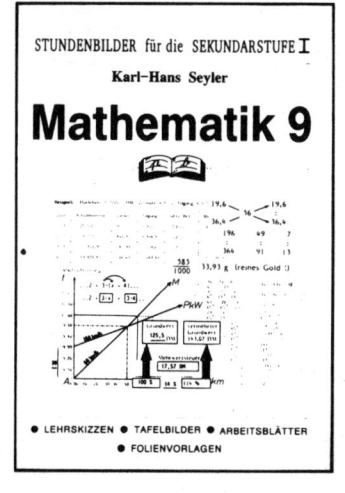

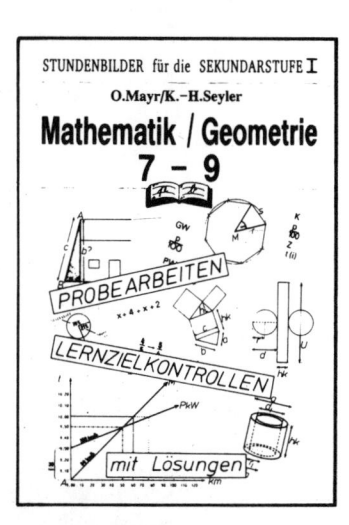

Unsere Literatur-Reihe:

- Literaturformen im Unterricht: **Kurzgeschichte**
- Literaturformen im Unterricht: **Erzählung**
- Literaturformen im Unterricht: **Fabel/Parabel/Anekdote**
- Literaturformen im Unterricht: **Märchen/Sage/Legende**
- Literaturformen im Unterricht: **Satire/Schwank/Groteske/Glosse**
- Literaturformen im Unterricht: **Autobiographie/Tagebuch/Brief**
- Literaturformen im Unterricht: **Novelle**
- Literaturformen im Unterricht: **Roman**
- Literaturformen im Unterricht: **Lyrik**
- Literaturformen im Unterricht: **Texte aus den Massenmedien**
- Literaturformen im Unterricht: **Triviale Texte**

pb-verlag